流光之中

時間向度的人生哲學短篇

郭柏年 著

OXFORD
UNIVERSITY PRESS

牛津大學出版社隸屬牛津大學，以環球出版為志業，
弘揚大學卓於研究、博於學術、篤於教育的優良傳統
Oxford 為牛津大學出版社於英國及特定國家的註冊商標

牛津大學出版社（中國）有限公司出版
香港九龍灣宏遠街 1 號一號九龍 39 樓

ISBN: 978-988-245-565-8

10 9 8 7 6 5 4 3 2 1

牛津大學出版社在本出版物中善意提供的第三方網站連結僅供參考，
敝社不就網站內容承擔任何責任。

Published & Printed in Hong Kong

書　名　　流光之中——時間向度的人生哲學短篇
作　者　　郭柏年
版　次　　2024 年第一版

目　錄

自　序

　　"Life can only be understood by looking backward; but it must be lived looking forward"（人生只有走過方能了解，但必須向前看才可繼續），哲學家祈克果（Søren Kierkegaard）如是說。毫無疑問，人生是趟於時間中流轉的旅程，而隨年歲漸長，愈發感到時間之於人生的烙印。多少人活在過去的枷鎖、困惑於當下的抉擇、躊躇於未來的路途？倘若忽視生命的時間向度，實難透徹理解人生。是以在準備第二本文集時，早決定以「時間」為主題，探索人生種種。

　　拙著取名《流光之中》，副題「時間向度的人生哲學短篇」。所謂「流光」，即流轉不止的時光，而人總是活在時間「之中」，沒法逃離。本書正希望從「流光之中」這個人類的存在結構切入，探問人生各個歷程中面對的哲學議題。《流光之中》可視為《定見之外》的精神續篇。承接前作以哲學角度挑戰定見的精神，《流光之中》全書文章依舊以問句為題，意在質疑，而不給予定案，只希望以哲學解構問題的各種可能，為讀者提供更多思考方向。不過兩部作品仍有重要的區別。首先，《流光之中》正文每篇獨立成章，內容上與前作並無關聯。另外，兩書的精神雖然一致，但探索的角度截然不同。相較於《定見之外》從「個人」、「社群」、「世界」的空間擴展，橫向剖析生活的不

同面向，本作則從「過去」、「現在」、「未來」的時間流動，線性縱覽人生各個階段。不過，縱使《定見之外》與《流光之中》可獨立看待，但若結合兩者，從「空間」與「時間」同步審視，相信可收縱貫橫攝之效，更全面探討人生在世，形形色色的際遇境況。

本書正文二十八篇和結語，均取材自本人《明報》副刊《星期日生活》專欄「三松閣」。因應是次出版需要，我潤飾了文章的遣詞用字，改正資料上的錯誤，也替部份文章補上新論點。值得讀者注意的是，《流光之中》的文章可視之為「半學術文章」，因為不論於體例與風格上，它們都比前作稍為接近學術論文的模樣，也多了一些抽象的題材，因此難度亦略有提升，而這些都是刻意為之。事緣近年哲學普及的中文書籍大量湧現，題材貼近生活，行文深入淺出，說理簡潔易明的比比皆是，可是關於抽象題材和專門理論的探索卻不多見。《流光之中》成書的目標之一，正希望為填補這片空缺略盡綿力。簡言之，《流光之中》算是一本進階版的哲學入門書，旨在提供較為專門與理論化的內容，讓對哲學研究有興趣的讀者，初步認識學院哲學討論的大概面貌。不過除個別篇章外，本作整體難度仍維持於入門水平，就算是首次接觸哲學的朋友，耐心閱讀的話也不會感到太困難。

《流光之中》是本人的第二部普及哲學入門著作，如無意外亦將是同類作品的最後一部。隨近年哲學觀的改變，我對哲學普及的態度亦轉趨懷疑。現在的我認為任何

時代都需要哲學，但哲學於所有時代都不可能普及。相關想法在結語已有交代，並期望與讀者商榷。

本書得以面世，全賴不少人士的幫忙。首先必須感謝香港牛津大學出版社副編輯總監劉偉成先生與編輯周怡玲小姐的協助。感謝《明報》助理總編輯黎佩芬小姐與一眾編輯多年來對「三松閣」的照顧。衷心感激香港中文大學哲學系各位老師一直以來的教導，特別是吾師王啟義教授。感謝王偉雄教授為本書賜名。此外本書文稿得到各方朋友的寶貴意見，包括劉保禧博士、楊德立博士、莊潤澤博士、李敬恆博士、王劍凡博士等等，不能盡錄，在此一併致謝。我也要感謝歷年來有緣能一起教學相長的所有學生。最後當然必須向家人與家貓肥四道謝。

世道艱難，盼望《流光之中》可與讀者一同回顧過去、反思現在、推演未來。

導　論

　　哲學的古訓是「認識自己」（know thyself），而認識自己，以至人生的關鍵之一，無疑就是「時間」。我們始終活於過去、現在和未來之中。順時而視，過去的選擇造就當下的處境，現在的行動影響未來的路向。逆時回溯，未來的計劃左右當下的言行，現在的想法重塑過去的意義。是以本書談的既是人生，也是時間。不過，以時間來理解人生，是否恰當？全因時間是生命的輪廓和軌跡。時間將人生中的經歷排列並連結一起，透過這種整合，我們才能探索人生的成長和轉變。其次，時間也有助自我理解。藉由反思過去、現在與未來的前因後果，我們可以審視自身的價值觀，並決定為何而活。此外，時間讓人意識到生命有限，要能不枉此生，需及早建立人生目標，並力求實現。由此觀之，在人生旅程中，時間是個不可或缺的嚮導和塑造者。我們需要以時間為輪廓來探索、理解和建立人生。

　　《流光之中》結構上分為「導論」、「正文」、「結語」與「附錄」四部份。本章「導論」先介紹全書的主題，並交代各部份的內容。「正文」共二十八篇文章，分為「過去」、「現在」與「未來」，旨在串連出人生的不同階段。「過去」是已然逝去的歷史，形塑我們的性格和行動。「現在」則是由過去而來，往未來而去，最為真實的當

下瞬間。「未來」屬於懸而未決的可能和方向。人生，就是於三者之中流轉的旅程。本書將以哲學探問每一時段上相關的生活境況與疑惑，提出不同觀點，刺激思考。不過，縱使「過去」、「現在」與「未來」聯合構成人生的整體，概念上亦能獨立看待。讀者可按需要，順本書排序讀起，或只選感興趣的部份閱讀。

以下將逐一簡介「過去」、「現在」與「未來」的內容：首部份先從「過去」出發，探究時間之初，世界的由來與狀況。(〈世界何以存在？〉)、〈沒有動物的世界？〉)然後我們把目光由外在世界拉回具體生活處境，到底人的情感和行動如何被歷史影響？(〈被決定的唯一？〉、〈報復有何不可？〉)輕視過去，偏重未來的想法是否合理？(〈過去不如未來？〉)歷史是否早已註定，無法改變？(〈註定的宿命？〉)還是有可能回到過去？(〈如能回到當時？〉)甚至於重啟人生，彌補當初的遺憾？(〈如果人生可以重來？〉)

不管「過去」的經歷孰好孰壞，人總需要活於「現在」，對當下生活的反省因而至關重要。此部份將由人的最基本需求，例如食物(〈食物也要思考？〉)與愛情(〈愛侶愈多愈好？〉)談起。除此之外，情緒與理性也是人們每天必須面對的課題(〈情為何物？〉、〈理性只有一種？〉)。再者，人是群體的動物，生於社會，我們需要一些共同價值維繫彼此，例如自由(〈金錢才是自由？〉)和平等(〈平等的價值？〉、〈傷健的迷思？〉)。而論及群體生活，道德規範無疑不可或缺，但我們究竟何以必須遵守道德？(〈為什麼

要做好人？）道德又是否全然自決？（〈道德全憑運氣？〉）另一方面，面對艱難的人生，有論者嘗言痛苦自有其意義，此說是否合理？（〈痛苦有何意義？〉）還是人生只是一場荒謬的玩笑？（〈逃離人類荒謬？〉）對生活的反省如果推至極致，難免會質疑各種價值，以至人生的真偽。在〈我們只是缸中之腦？〉一文中，我以著名的思想實驗「缸中之腦」作引子，討論當下經驗的真實與虛幻，作為本部份的終結。

從「現在」展望，勢必發現「未來」的各種挑戰。於此先從宏觀的角度，探討未來社會的走向，例如環境保護的責任（〈不環保的偽善？〉）、動物與人類關係的演進（〈動物變公民？〉）、以至科技帶來的全新議題，例如機械與人的情感連結（〈機械情緣？〉）和虛擬世界的規範（〈虛擬世界的道德？〉）。然後我們把討論焦點轉至個人層面，成為父母大概是不少人的人生目標，可是養育子女真是理所當然的嗎？（〈當父母要考牌？〉）父母對下一代的控制有沒有界限可言？（〈選擇下一代？〉）最後，作為本部份以至全書的總結，必須思考時間對人類的最大威脅：年老與死亡。人應該如何定義與面對衰老？（〈年老又如何？〉）生命又是否終必隨死亡而消逝，還是可以戰勝時間，長存不朽？（〈人死如燈滅？〉）

本書「結語」部份嘗試探討哲學歷來被討厭的原委，並提出近年哲學普及風潮的隱憂，從而反省哲學當下面臨的矛盾處境。「附錄」則刊載了兩篇曾於其他園地公開的

長文：〈道德異化與個人整全性——威廉士對效益主義的批評〉和〈目的論與義務論——論羅爾斯正義理論中的二分法〉。前者闡述威廉士(Bernard Williams)對效益主義的批評，後者則分析羅爾斯(John Rawls)在判斷道德理論型態時的缺失。兩篇文章算是記錄了我近年的少許思考成果，而主題都屬於道德哲學的理論探索，討論重點亦同為效益主義，對規範倫理學感興趣的讀者不妨參考。

最後，書中所有文章均附註釋，參考文獻以英文哲學專書和論文為主。讀者可按興趣與能力選讀。

過去

世界何以存在？

　　每當仰望天上繁星，念及宇宙如此浩瀚，難免令人思索時間之初，天地之始，世界何以存在？為什麼是「有」而不是「無」？此無疑是最古老的哲學問題之一，下文將引介哲學家帕菲特（Derek Parfit）與康尼（Earl Conee）等人的分析，供大家思考。

　　形上學問題往往艱澀難解，「存在」更是當中的佼佼者。讓我們先釐清論題，按帕菲特的想法，「世界何以存在？」可分兩層次來理解：[1]

　　問題一：何以宇宙會存在？為什麼不是「什麼都不曾
　　　　　　存在」？

　　問題二：為什麼是「這個」宇宙存在？存在的何以不
　　　　　　是另一些可能世界，例如沒有生命的宇宙？

　　篇幅所限，本文將聚焦於問題一，即使如此，問題仍然遠比所想的複雜。首先，很多人會誤以為問題一探究的是宇宙何以存在各種事物。邏輯上，宇宙中當然可以沒有山河大地、飛禽走獸，甚至任何物質與心靈，但這不是問題一的質疑。嚴格來說，以上描述的只是一個空洞的世界

1　Parfit, Derek. "Why Anything? Why This?" In *Metaphysics: A Guide and Anthology*, edited by Tim Crane and Katalin Farkas, Oxford University Press, 2004, p.12.

或宇宙，不過當中時間、空間依然存在，仍然是「有」而不是「無」。若從中文詞源解構，「世界」本是佛家用語，由「世」（時間）和「界」（空間）組合而成；「宇宙」按《尸子》〈卷下〉篇則是「上下四方曰宇，往古來今曰宙」，兩者都預設了時間和空間的存在，並非「什麼都不曾存在」。反之，問題一關注的卻是另一種可能：絕對的虛無，連時間空間也沒有，徹底而純粹的「無」。讓我們借用康尼的表述方式，把問題一稱為「Q」，絕對虛無的世界稱為「W」，而有存在物的世界稱作「W+n」（於此n指存在物，n的值等於或大於1）。按此，「Q」的真正意思如下：為什麼現實不是「W」，而是「W+n」？

依照以上理解，康尼強調「Q」屬於形上學，而不是科學範疇的問題。[2]根據現代科學，宇宙起源於大爆炸（Big Bang），但大爆炸因何出現？尚無定論。可是不管科學理論給予的答案若何，都不能真正回覆「Q」，關鍵在於科學解釋基本上是種因果說明（causal explanation），其結構是以先在的事件解釋後來的事情何以發生，換言之，即預設了「前因」的存在。但是「Q」質疑的是事物存在的可能，因此基於任何已存在的「前因」作解釋都將直接失效，是以帕菲特與康尼強調不能訴諸任何因果論證來回應「Q」。再者，帕菲特指出，就算退而相信宇宙的存在並無前因，而屬自有永有，又或解釋宇宙存在的因果並沒盡頭，仍然

---

2 Conee, Earl. "Why not nothing?" *Riddles of Existence: A Guided Tour of Metaphysics*. Edited by Earl Conee and Theodore Sider, New edition, Oxford University Press, 2014, pp. 89-90.

無濟於事，因為自有永有的宇宙何以存在依舊可被質疑。另一方面，無窮因果序列本身也不能解釋自己何以存在，我們仍可追問為什麼出現當下這個無窮序列，而不是另一套序列？甚至不是並無任何序列發生？[3]綜上所論，「Q」看來是個無解的死結。

要回應「Q」，策略之一是嘗試證明「W+n」必然出現，「必然主義」（Necessitarianism）正是這種立場。必然主義者相信，倘若有所謂「必然存在」之物，那麼「W」就不可能成真，因為現實必定包含至少一樣存在物。問題在於，到底有什麼事物會必然存在？哲學史上的標準答案之一，當然就是（基督教）上帝。而談到上帝是否存在，自然不得不提「本體論證」（ontological argument）。這個論證歷來有眾多詮釋，當中較常見的版本包括兩個前提：

前提一：我們都擁有「完美無缺（maximally perfect）的上帝」這個概念；

前提二：完美無缺的東西必定包括「存在」此一性質（試比較以下兩者：完美無缺但並不存在的上帝，與完美無缺並且存在的上帝，相信大家都會認為後者才是真正的完美無缺）；

結論：上帝必然存在。

這個論證早已被不少哲學家駁倒，姑且讓我簡述數點。第一種反駁是指出惡的存在（problem of evil）。既然上帝完美無缺，那麼祂除了必然存在之外，當然也一定是全能

3　Parfit, Derek. "Why Anything? Why This?", pp.13-14.

和全善的，否則難以稱為完美。在此定義下，有兩個難題仍待解答：首先，某些可能世界將必然被排除，例如充滿罪惡或沒有生命的世界，但我們似乎沒理由相信此等世界必然不可能出現。其次，全能和全善的上帝為什麼容許現實世界上的疾病與天災，這些非人力所致的惡為害人類？

即使抹去「全能全善的上帝」的具體內容，純粹從形式而論，把「存在」視為完美無缺的必然性質，亦不見得合理。對現代形上學稍有涉獵的讀者都應該知道，像前提二那樣把「存在」視為第一序性質(first order property)的想法，將陷入理論困境。所謂第一序的性質，是關於具體存在物的性質，例如「紅色的」這個性質能體現於蘋果和血液。如果「存在」屬於第一序性質，結果將十分奇怪：假設「X擁有『存在』此性質」，可是要體現／擁有任何性質，它首先必須「存在」！可見「X擁有『存在』此性質」這說話是多餘的(redundant)。最後，退一步而言，哪怕「存在」的而且確屬第一序性質，但由於此說將引致荒謬的結果，根據歸謬法，亦應該放棄。比方說，我心目中有「完美無缺的情人」這概念，按前述邏輯，這個完美情人就必須擁有「存在」此性質，亦即定必存在！但這結論明顯無稽。由以上反駁可見，「本體論證」實在難以證明上帝「必然存在」。

必然主義者至此或許可以放棄上帝，改為論證另一些「必然存在」之物來排除「W」，「真理」(truths)正是其中一種答案。例如「這裡有山河大地」這句說話在「W」中

必然是假的，「這裡絕對虛無」在「W」中必然為真，這些命題所表達的真理不也是一種(抽象)存在物嗎？換言之，就算在「W」中，至少還存在真理與錯誤，而並非絕對虛無，故此「W」必然變成「W+n」。可是細心反省，為什麼我們要認為在「W」中，還有這些命題存在呢？[4]一般來說，命題的真假取決於其談及的內容，但既然「W」是絕對虛無，所有描述「W」的命題都沒有談及的對象，真假似乎亦無從說起。

如果必然主義無法成功，我們又可否退而論證「W+n」的實現機率比「W」要高呢？要知道「W」只有一個，但「W+n」卻可以有無限多。以圖像作比喻，設想左右兩個集合，左面是絕對虛無的世界的集合，當中只有「W」一個成員。右面則是包含一項存在物以上的世界的集合，當中包括「W+1」、「W+2」、以至「W+∞」。如果現實只能是其中一個，根據1對無限的機率，右面「W+n」無窮集合中，任一成員實現成真似乎近於必然，更重要的是於此一切只是機率使然，再無奇怪或需要解釋之處。可是康尼與帕菲特都認為訴諸機率依然並未能真正解答「Q」。雖然「W」只是無限可能性之一，成真的機率微乎其微，不過仍然有可能實現，訴諸機率只能說明「W」很可能落空，卻沒有提供「理由」證明為什麼「W」最終未能出現。[5]

4　Conee, Earl. "Why not nothing?", pp. 102-103.
5　Conee, Earl. "Why not nothing?", pp. 112-113.

「Q」關心的是現實最終為何，似乎假設現實只有一種可能，不過如果擴大想像範圍，放棄單一世界的前設，將得到有趣的想法，以下是其中一例。上文曾提到現代科學認為宇宙起源於大爆炸，而倘若大爆炸的初始條件與後續發展稍有不同，生命就不可能出現。因此我們的宇宙其實奇蹟地(指出現機率甚低)極度適合生命(fine-tuned for life)，能夠身處其中實在是萬中無一的幸運。哲學家萊斯利(John Leslie)根據這種想法，進而大膽論證多重宇宙的存在：當宇宙不只一個，而是成千上萬、甚至於無限的話，那麼即使極度適合生命的宇宙(即我們的宇宙)出現機率再低，也不見得難以成事。道理其實十分簡單，只要樣本足夠的多，任何條件組合最終都會出現，情況恍如擲骰子的次數足夠多，就可得出任何結果一般。是以從結果反推，我們這個極度適合生命但機會渺茫的宇宙，其存在本身就構成有力的歸納證據，支持其他不同條件的宇宙其實同時存在，而不是奇蹟地「只有」我們倖存，多重宇宙才是更可能的真相。[6]由此，問題二「為什麼是『這個』宇宙存在？存在的何以不是另一些可能世界？」亦間接被解答。

到底世界何以存在？又有多少個世界／宇宙存在？或許就如其他形上學問題一般，永遠沒有確定答案，但人們決不會就此停止思考。而在討論的過程中，我們將逐漸了解世界的各種可能，反思世界與人類存在的理由，甚或體會人智的侷限，與能夠生而為人的僥倖，或無奈。

6　Leslie, John. *Universes*. Routledge, 1989, pp. 66-103.

參考資料：

Conee, Earl. "Why not nothing?" *Riddles of Existence: A Guided Tour of Metaphysics.* Edited by Earl Conee and Theodore Sider, New edition, Oxford University Press, 2014, pp. 88-113.

Leslie, John. *Universes.* Routledge, 1989.

Parfit, Derek. "Why Anything? Why This?" *Metaphysics: A Guide and Anthology,* edited by Tim Crane and Katalin Farkas, Oxford University Press, 2004, pp. 12-30.

沒有動物的世界？

現代智人（Homo Sapiens）從大約十五萬年前出現，走到今天，無疑已是地球的主宰。自視為萬物之靈的心態，附之以科技帶來的統治力，令人們都認為其他動物只屬可有可無，不必關心。可是動物之於人類是否真的無關痛癢？所謂失去了才懂得珍惜，以下就讓我們做個思想實驗，設想沒有動物的世界，人類的境況會變得如何。

先由歷史說起，如果世界從來沒有動物，人類社會發展的軌跡將有天翻地覆的變化。根據野生動物攝影師、作家卡拉斯（Roger Caras）的沙盤推演，沒有動物的支援，人類未必能遍佈全球。比方說，北緯66度以北的寒冷區域，或地球南部如南非、澳洲部份，將難以開發。要知道人類當初是從北非、中東與赤道一帶適合生物居住的地方繁衍，但極北或極南的地方溫差極大，很少農作物能生長，人類難以存活，必須依靠動物的移動力、毛皮和肉，才能成功涉足這些不毛之地並生活下去。動物因此是人類當初開拓地球的關鍵。[1]

或許有人會反駁說，人類已有汽車和飛機等工具代步，沒有動物最終還是可以踏遍全球。可是細心一想，汽

1　Caras, Roger A. *A Perfect Harmony: The Intertwining Lives of Animals and Humans Throughout History.* Simon and Schuster, 1996, pp. 25-26.

車和飛機是近代工業革命的成果；而工業革命的出現，有賴科學的發展，不斷回溯的話，最終基礎就是社會的人口與制度達至一定水平，而當中就有動物的貢獻。為什麼呢？按文化人類學家德梅洛（Margo DeMello）所言，動物提供的勞動力與肉食，是人口能夠持續增長的關鍵，由此人類得以從遊牧、採集的小規模部落，發展至早期的城邦聚居社會。[2]城邦的穩定生活與人口的管理需要，為各種典章制度與精神文化奠定物質基礎。如果沒有動物，當初人類就無法建立城邦和文化，大概亦難以發展出較高階的制度和科學，更遑論往後的工業革命及科技了。歸根究柢，人類文明是線性發展的過程，有其前因後果。如果抽走了動物這個遠因，人類文明未必能達到今天的高度，或至少也要走更迂迴漫長的路。

歷史不能重來，但現在與將來尚未定案。近年不少研究均指出地球上的物種正急劇減少，在人類的宰制下，動物的滅絕不再見得是天方夜譚。如果在不久的將來，世上只剩下人類和植物，對現代人生活有何衝擊？首先，最切身的影響，就是再無肉類可吃（除了人肉）。數據顯示近年來每位美國人平均年耗275磅肉類；在中國，肉類消費從1980年至今翻了四倍。[3]肉類儼然已成為現代人的必需品，肉食更是社會的基本設定。想像一下，如果與朋友一同吃

---

2   DeMello, Margo. *Animals and Society: An Introduction to Human-Animal Studies.* Columbia University Press, 2012, p. 88.

3   Zaraska, Marta. *Meathooked: The History and Science of Our 2.5-million-year Obsession with Meat.* Basic Books, 2016, p. 3.

飯，無人會問「你為什麼食肉」，反倒會有人問「你因何吃素」。素食是需要辯解的立場，肉食則是理所當然的正常生活。由此可見，無肉可吃對很多人來說打擊甚大。

動物從古到今都是人類最重要的工作伙伴（或工具）。誠然，隨着機械設備的進步，很多工作已不再需要動物，交通運輸就是明顯例子。不過，諸如導盲犬和治療動物（therapy animals）等要求與人類互動的工作，機械暫時仍然難以取代。另一類重要的項目則是科學實驗，例如疫苗的研發，便需要利用動物測試安全。近年來全球急需的新冠肺炎疫苗，正需要動物測試作前期把關，才可安全應用於人類。每年就有千百萬隻動物因各種商品和醫學實驗而喪命。如果沒有動物，難道我們會轉為以人類作全部的前期實驗嗎？可以預見，動物的消失，勢必大幅減慢生物科學與醫學的發展。

動物在現代社會，還有一新近的重要角色，就是寵物。寵物文化的興起是社會穩定與經濟蓬勃的副產品，因此現今世代飼養寵物才那麼普遍。不少人視寵物為家人，彼此有很強的情感聯繫，有人為寵物的離世傷心欲絕，更有人全身投入棄養動物的拯救和照顧工作。可見至少對部份人來說，動物遠遠不只是食物或工具，而是悲喜與共的伙伴、朋友、以至家人，是生命中不可或缺的部份。

即使閣下不吃肉，抗拒現代醫學，亦無飼養寵物，仍然逃避不了動物的影響，因為動物與地球的生態環境息息相關，以下是一些簡單的例子：鳥類、蜜蜂和蝴蝶是植物

繁衍的重要媒介，沒有牠們，農作物的收成將會下降。又譬如昆蟲，沒有蟲子翻鬆泥土，欠缺昆蟲和動物屍體等天然肥料的滋養，農地就難以適合耕種。換言之，如果失去動物，整個植物界的繁衍也會深受打擊，最後將損害糧食供應與氣候穩定，無人能置身事外。

　　儘管動物與人類的發展和生活息息相關，但以上充其量只說明其工具價值。我們需要工具，卻不見得要善待工具。那麼我們又有沒有理由考慮動物自身的福祉？有的，例如哲學家康德（Immanuel Kant）就認為，人需要對動物仁慈，否則將損害自身的人格。習慣殘酷對待動物的人，亦難以會善待人類。[4]假如你不相信哲學家，也許可以看看社會科學的統計結果。美國聯邦調查局（FBI）由2016年開始，決定記錄及追蹤虐待動物罪犯的資料，因為他們發現有虐待動物前科的人，較大傾向會犯下攻擊人類的罪案。換言之，虐待動物的暴力習性會延續到其他對象身上。不少人相信，從社會如何對待弱勢，例如窮人、殘疾人士、有色人種等，可以判斷其文明程度，而這些弱勢當中，一定包括動物，全因牠們完全沒有發聲的能力，不懂得遊行或抗議，必然是人類社會中最卑微的群體。如果某社會中的人比較愛護動物，就有理由相信他們相對文明與和平，這是數據歸納所得的合理結論。

4　Kant, Immanuel. "Moral Philosophy: Collin's Lecture Notes." *Lectures on Ethics.* Edited and translated by P. Heath and J.B. Schneewind, Cambridge Edition of the Works of Immanuel Kant, Cambridge University Press, 1997, p. 212.

上文的論點，全都以人類利益為依歸，但其實還有一些非人類中心的理由，主張動物自身有其道德地位，值得重視。當中最常見的道德理論有兩派，分別是效益主義與權利論。簡單而言，前者認為所有具感知能力，即能感受痛苦與快樂的生命，皆有利益可言。道德的目標就是增進所有對象的利益，亦即增加快樂，減少痛苦。動物既然有感知能力，便理應是道德考慮的群體，不應殘害。後者則不從利益着眼，而相信動物有其權利，例如基本的生存權或不被傷害權，背後原因是相信有意識的生命皆有內在價值，不容別人侵害。

　　總括而言，我們難以想像沒有動物的世界將如何運作。事實上不管從過去到現在，動物對人類社會都有莫大貢獻，不明此理的人只是無知；知道卻仍然殘害動物的人就是無義。或許將來人類終可演化至獨存自足，但無知無義的言行，不論何時都應極力避免。

參考資料：

Caras, Roger A. *A Perfect Harmony: The Intertwining Lives of Animals and Humans Throughout History*. Simon and Schuster, 1996.

DeMello, Margo. *Animals and Society: An Introduction to Human-Animal Studies*. Columbia University Press, 2012.

Kant, Immanuel. "Moral Philosophy: Collin's Lecture Notes." *Lectures on Ethics*. Edited and translated by P. Heath and J.B. Schneewind, Cambridge Edition of the Works of Immanuel Kant, Cambridge University Press, 1997, pp. 37–222.

Zaraska, Marta. *Meathooked: The History and Science of Our 2.5-million-year Obsession with Meat*. Basic Books, 2016.

被決定的唯一？

　　現代的浪漫主義愛情觀，往往預設有所謂「命定與唯一的完美伴侶」這回事，即使我們大概永遠無法知道身邊的伴侶是否這個完美配對。其實完美伴侶到底是否存在？所謂命定的想法又是否合理？

　　對愛情哲學稍有涉獵的人都知道，「命定與唯一的完美伴侶」此想法，早在古希臘神話已然存在。相傳人類原是兩個頭，四手四腳的球型生物，由於過於強大與傲慢，威脅眾神的地位，因此宙斯下令要把人類劈成兩半，變成現在我們這種模樣，自此人類就落得要找回失去的另一半的下場。雖然現今已沒太多人會相信這個神話，但背後的精神其實仍為不少人接受：相信世上有命中註定、唯一與完美的天作之合，姑且可稱之為「神秘命定論」。如果你認為神話無稽，也有現代科學的版本可供參考。最近有一美劇《The One》（真愛基因），講述人類可以利用基因配對的方法，找到獨一無二的完美伴侶。此說是基於真實的科學發現而穿鑿附會，原來在螞蟻等昆蟲中，根據基因的組合會產生特定的表皮碳氫化合物（cuticular hydrocarbons），研究顯示它們是昆蟲擇偶的重要條件。劇集按此大膽假設，人類其實亦以類近機制擇偶，特定的基因將不能自控地互相吸引，並且於性格與價值觀方面都會完美配合。換句話說，

這是一種愛情的「基因決定論」。

　　不管「神秘命定論」還是「基因決定論」，其實都難言合理。對於「神秘命定論」，兩千多年前的古希臘哲學家蘇格拉底早已回應：我們究竟因為對方是命中註定的另一半而愛，還是基於對方的美善特質而愛？蘇格拉底質疑，即使是自己的手腳，一旦腐朽，人們都會毫不猶豫割捨。可見愛的關鍵不在於與生俱來或命定，而是對方是否美善，倘若另一半敗壞墜落，縱使命定我們亦不會愛。[1]換言之，「神秘命定論」最多只保證命定與唯一，卻不必然完美。

　　另一方面，「基因決定論」則只說明了何謂命定，卻難以確保唯一與完美。首先，如果一切都是基因使然，那麼似乎沒有很好的理由相信完美伴侶只限一人。即使基因的組合繁多，但只要基數夠大，理論上配對就可能多於一組。再者，到底完美伴侶是否存在？又果真能單以基因決定？先就定義而論，兩人在怎樣的條件或情況下才算是完美配對？雖然眾說紛紜，難以定案，於此暫且以「契合度」一詞表示，最高契合度的兩人就是完美配對，至於決定契合度的具體內容讀者可自行補上，例如身心靈的一致，或是性格相異但互相補足等等。無論如何，重點在於基因對「契合度」的影響其實相當有限。原因十分簡單，即使基因能決定你的外貌與性格，甚至價值觀(其實值得懷疑)，也不能決定個人際遇。因此就算兩人的基因造就完美

1　Plato. *Complete Works*. Edited by John M. Cooper, Hackett Publishing, 1997, 205e.

契合的生理與心理條件，按往後生活經歷的不同，兩人自然有相異的經驗與判斷，促成性格與價值觀的成長變化。隨時間推移，彼此的差距將逐漸拉開，不再必然完美契合。其實不論個人性格，以至人際關係的本質，都屬動態發展，決不可能萬年如一。今日的絕配，他朝也可形同陌路，反之亦然。

縱然沒理由相信基因能決定一切，可是科學的預測力還是不宜輕視，畢竟人類的生理與心理結構都有一定模式，由此近年才衍生出那麼多大數據（big data）和演算法而來的行為分析。比方說，有學者就以數學裡的「最佳停止理論」（optimal stopping theory）來指導我們如何找到完美伴侶。這個理論嘗試以數學公式計算找到最佳伴侶並且成功結婚的機率，該公式是由你一生中所有情人的數目，以及你淘汰掉的情人數目所構成。假如你這輩子註定和十個人交往，那麼你找到真命天子的最佳時機，會在拒絕前四任情人之後出現，到時你找到最適合伴侶的機率是39.87%。[2]書中還有不少有趣的情愛數學公式，感興趣的讀者不妨一看。

隨着大數據和演算法的發展，我們不得不好奇，倘若將來真的能藉此配對出完美伴侶，人類的戀愛關係甚至社會結構，將有何改變？在《The One》一劇中，基因配對的出現令離婚率急劇上升，因為不少夫婦發現完美伴侶原來另有其人，於是紛紛轉投真命天子的懷抱。不過正如劇中

2　Fry, Hannah. *The Mathematics of Love: Patterns, Proofs, and the Search for the Ultimate Equation.* Simon & Schuster/TED, 2015, Illustrated edition, chapter 7.

主角所說，這或許只是邁向理想社會的過渡期，一旦愈來愈多人找到完美伴侶，理論上就不會分開，離婚率最終便會下降。不過，以大數據配對仍有幾個問題值得深思：

首先是人選的差異。大數據可能配對出一些我們不願接受的人選，例如性向的分歧，想像異性戀的直男，發現完美的另一半是同性；又或是年齡的落差，譬如一位少女發現自己的絕配是一位六十多歲的老伯伯；甚或某人的完美伴侶竟然是親兄妹！這些情況都會產生一連串的社會倫理難題。

再者，於準確的大數據面前，個人的選擇似乎將變得無甚意義，既然最好的已經擺在眼前，其他人選看來就並無道理。可是此處有兩點值得質疑的前設：第一，自主決定本身真的毫無價值嗎？第二，投身戀愛關係，目的就只是找尋完美伴侶嗎？就前者而言，哪怕自己的決定不是最好，但這是自我主宰的彰顯，是人生的重要價值，不應輕易抹殺；針對後者，完美契合的關係固然叫人夢寐以求，但就算是契合度不高的關係，情侶也可以獲得另一些好處。在各種衝突與磨合中，我們不單可以認識相異的價值觀，從而真正深入了解自己，更能迫使自己學習如何與別人相處，成為更包容與耐心的人。誇張一點來說，不完美的關係催逼人們成長為更好的人，在此意義下，完美伴侶反而有所不及。

最後，從整個制度而論，將個人資料交由大數據配對，不管是公營或私人機構運作，都有被操控的風險與洩

漏私隱的憂慮，後果可以十分嚴重，然而這涉及具體政策的操作，不在本文討論範圍了。

蕭伯納（George Bernard Shaw）嘗言：「愛情不外乎是高估一個女人和另一個女人的差別罷了」。但為什麼要高估你而不是別人呢？這正是關鍵之所在。對於拒絕命定的人來說，價值不是被動賦予，而是主動創造。決定關係好壞的主因從來都不是逝去的歷史，而是現在的一言一行。這不是坊間「活在當下」的膚淺口號，而是明瞭人際關係動態本質的最合理結論。

（謹將本文獻給Y）

參考資料：

Fry, Hannah. *The Mathematics of Love: Patterns, Proofs, and the Search for the Ultimate Equation.* Simon & Schuster/TED, 2015, Illustrated edition.

Plato. *Complete Works.* Edited by John M. Cooper, Hackett Publishing, 1997.

報復有何不可？

倘若有人傷害了你，報復是否不當？在強調大愛與寬恕的文明社會，報復總被視為短視與邪惡的代名詞。然而古往今來，以牙還牙的事例絕不罕見，甚至不少人深信，還擊加害者是理所當然，大快人心的正義之舉，更有論者認為個人報復與法律刑罰，從公義層面而言其實殊途同歸。本文將嘗試剖析「報復」此概念的種種，回應以上的疑慮。

報復的定義看似簡單，然而學術界一直未有定論。哲學家埃爾斯特(Jon Elster)認為報復是個人(personal)與非工具(non-instrumental)式的行動：個人不惜付出代價，純粹以傷害對方為目的，來回應當初令自己受傷的行動。[1]哲學家尤尼亞克(Suzanne Uniacke)則認為報復在英語上有「revenge」與「vengeance」之別。「revenge」背後的情緒是因受傷而生的怨恨，哪怕對方並不一定理虧(好像某人正確指出你的缺點而使你自尊心受損)，而且「revenge」往往代表不合理的惡行，例如以激烈的行為來反擊對方的無心之失。反之，「vengeance」的基礎是道德情感的判斷，比方說對不公義的厭惡或義憤等等，旨在回應對方不合理的冒

1　Elster, Jon. "Norms of Revenge." *Ethics*, vol. 100, no. 4, 1990, p. 862.

犯。[2]倘若按此定義，我認為「revenge」較接近於中文裡的「復仇」；而「vengeance」則相當於中性詞「報復」。不過就如哲學家羅斯伯里（Brian Rosebury）所言，這種區分某程度上只是言詞之爭，兩者不見得真的如此涇渭分明。[3]因此本文將採取較寬鬆的定義，以「報復」一詞泛指一切純粹以令對方痛苦、受傷為目標來回應施害者的行為。

報復的有趣與吊詭之處，在於我們對它抱有矛盾的直覺。誠如哲學家格特（Joshua Gert）所言，依照日常論調，報復是有害無益的，它會令彼此受傷，亦容易叫人墮落。就算着眼於追求公義，深信施害者理應受到制裁，報復亦必須交由公權力判決和執行，現代的公義觀並不贊同私刑與其引致的犧牲。然而對復仇者而言，報復明顯是件有價值的好事，否則人們不會甘願犧牲而堅持。試想想，很多人即使明知報復後會受法律制裁，身敗名裂，甚至死亡，依然在所不惜。倘若規勸他們放棄，最終只會徒勞無功，可見報復是有價值、值得追求的目標。[4]那麼到底有什麼理由支持或反對報復？

反對報復的論點之一，在於報復本質上並不理性。據埃爾斯特分析，人類行事的動機大致可分三類：理性、情感與規範。理性的行為着眼於手段與結果的關係，強調成

2　Uniacke, Suzanne. "Why is Revenge Wrong?" *The Journal of Value Inquiry*, vol. 34, 2000, pp. 62-63.

3　Rosebury, Brian. "Private Revenge and its Relation to Punishment." *Utilitas*, vol. 21, no. 1, 2009, pp. 2-3.

4　Gert, Joshua. "Revenge is Sweet." *Philosophical Studies*, vol. 177, no. 4, 2018, p. 974.

本與效益。在此標準下報復並不明智，因為過往自身受到的傷害已是「沉沒成本」，執着於覆水難收的損失而決意報復，只是逞一時之快，每每得不償失。[5]

很多人相信報復會衍生形形色色的惡果，因此不應容許。極度的怨恨會令人喪失理智，做出遠超比例的報復，例如某人與閣下妻子有染，結果你殺掉對方全家洩憤。再者，報復也可能牽連無辜，又或引發新一輪報復，終至冤冤相報的惡性循環，凡此種種都只會擴大傷害，破壞社會安寧與公義。不過細心反省，以上批評都只着眼於後果，不見得能證明報復本身的問題。理論上，報復可以是精心設計，不危害第三者，傷害合乎比例與符合法律的行為。例如小明無故踢了我一腳，那麼我以相若的力度與位置回敬他一腿，看來也合乎情理。如果說動武有違法律，那麼假設小明當眾侮辱我，我以言語回擊，大概就難以非議了。由此看來，冷靜而恰如其分的報復，大概並不像一般人所想的不可接受。

方才提及的哲學家格特是少數支持報復的學者，他認為報復對個人而言是有價值的、希望追求的「好」（good），全因價值建基於慾望。按此想法，凡是我們欲求的就是好的東西。這種理論誠然有其困難（篇幅所限暫且不贅），但無疑頗符合經驗。報復是普遍的慾望，復仇成功往往使人滿足，或令人如釋重負。由此看來，報復明顯是符合個人利益的合理追求。不過格特提醒，即使報復有其價

5　Elster, Jon. "Norms of Revenge.", p. 862.

值，亦只代表我們有理由如此，而決非必須如此。[6]

　　或許有人會問，為什麼我們普遍會有強烈的報復慾望？這種近乎本能的衝動甚或責任感的慾望，到底因何而生？於此埃爾斯特認為報復源於個人榮譽的追求、[7]尤尼亞克則相信報復與自尊和自我形象有關。[8]個人榮譽強調的是自己比他人優越，因此在受到傷害時必須回敬對方，以示自己勝過他人，重新奪回被剝奪的榮譽。尤尼亞克則認為此說有誇大之嫌，她相信既然報復的重點在於以傷害回應傷害，關鍵應不會是彰顯個人能力，而是維護自我形象與聲譽。倘若對方令自己受傷，而我們竟然無動於衷的話，某程度上便是否定自己的價值，同時亦難以維持自身在別人心目中的名聲與地位。為了挽回失去的自尊，人必須不怕犧牲，勇敢回應，是以我們才會說不敢反擊的人為懦夫。所謂有仇不報非君子，正是這種心態的反映。換言之，報復慾望是人類原始而基礎的心理需求，有其不可忽視的根據。

　　從社會層面思考，觀乎人類歷史，報復其實是社會容許的規範，絕非十惡不赦。很多文化都容許或鼓勵以眼還眼、血債血償，甚至視為義務。按埃爾斯特的轉述，在阿爾巴尼亞的社會中，就有明確的報復規條，例如當A殺死B時，便有具體規定怎樣的情況下B的家屬可以復仇，以及何

6　Gert, Joshua. "Revenge is Sweet.", p. 977.

7　Elster, Jon. "Norms of Revenge.", p. 867.

8　Uniacke, Suzanne. "Why is Revenge Wrong?", p. 66.

謂合適的手段。更有趣的是如果B招攬某朋友（稱為C）聯合向A攻擊時，即使C在過程中殺掉A方的人馬，A方亦不容許向C報復。[9]由社會角度考慮，容許報復也許有益，例如叫意圖傷害別人者三思，以收阻嚇之效，促進社會安寧。論者或會反駁，只有前現代社會才需要這些復仇指引來充當社會穩定劑，現今已有法律與刑罰取而代之，但這說法正正顯示就算在當今社會，我們仍然深信報復有其必要，只不過必須交由公權力判決和執行而已。

談及公權力，將引申另一重要議題：個人報復與刑罰制度到底有何差異？我們有沒有好的理由認為個人報復是錯的，同時又堅信刑罰制度合乎道德？羅斯伯里正正質疑這種想法。首先他認為倘若如前文所言，某些恰如其分的報復是合乎公義的話，那麼刑罰制度也許只是這種個人報復的中央統籌版本，[10]差別只在於手段而非本質而已。再者，即使人們在爭取推行某些刑罰制度時，亦經常訴諸個人復仇式的情緒，譬如在應否保留死刑的爭議中，支持者常見的說詞就是「如果你的親人被殺，難道你不想手刃真兇嗎？」。[11]由以上兩點可見，接受刑罰制度，卻全盤否定個人報復，道理上難以站得住腳。

無可否認，報復因應原因與手段，固然有好壞之分。可是從另一角度看，報復是自我對往事與世界的直接回應，對某些人來說更是人生得以再度前進的動力，有真實

9　Elster, Jon. "Norms of Revenge.", p. 870

10　Rosebury, Brian. "Private Revenge and its Relation to Punishment.", p. 1.

11　Rosebury, Brian. "Private Revenge and its Relation to Punishment.", p. 13.

而強烈的心理基礎。當務之急，無疑是找出可合理疏導這種人性根本需要的方法，而並非簡單視之為禁忌。

參考資料：

Elster, Jon. "Norms of Revenge." *Ethics*, vol. 100, no. 4, 1990, pp. 862-885.

Gert, Joshua. "Revenge is Sweet." *Philosophical Studies*, vol. 177, no. 4, 2018, pp.971-986.

Roseburry, Brian. "Private Revenge and its Relation to Punishment." *Utilitas*, vol. 21, no. 1, 2009, pp. 1-21.

Uniacke, Suzanne. "Why is Revenge Wrong?" *The Journal of Value Inquiry*, vol. 34, 2000, pp. 61-69.

過去不如未來？

　　「忘記過去，着眼未來」，人們總希望壞事已然逝去，好事發生於將來。我們也多認為執着過去於人生無益，而應投放心力籌謀未來。不過，事情的好壞，終究不因發生的時間差異而改變，十年後的空難，轉到十年前出現（假設其他條件不變），還是同樣令人惋惜。然則我們為什麼總意圖淡化過去，重視將來？這種對時間的偏見應如何理解？

　　何謂「時間偏見」（temporal bias）？按哲學家沙利文（Meghan Sullivan）的分析，就是對人生中事件的出現時間有特定模式的偏好。「時間偏見」主要有三類：「鄰近偏見」（near-bais）、「未來偏見」（future-bais）與「結構偏見」（structural bias）。[1]「鄰近偏見」是指重視快將出現的利益，多於遙遠未來才發生的更大利益；或即使時間押後會令痛苦愈多，也情願痛苦延遲而非更早出現。「未來偏見」則是希望痛苦出現於過去，快樂發生在未來，同時把過去的痛苦和快樂看得遠遠不及未來的苦樂重要。換言之，就是「過去不如未來」。最後，人生的苦樂除了量的計算，還有結構的考量。比方說，如果能選擇的話，人們都情願自己人生的苦與樂，即使總量不變，會以「由差轉好」而非

1　Sullivan, Meghan. *Time Biases: A Theory of Rational Planning and Personal Persistence*. Oxford University Press, 2018, pp. 1-2.

「從好變差」的模式呈現：年輕時捱苦，及後安享晚年，會較年少得志，晚景淒涼為佳。這種對苦樂出現次序的偏好，正是「結構偏見」。在三者中，毫無疑問以「未來偏見」最為根深柢固，把痛苦留給過去，差不多是所有人的共同願望，但堅信的事情不一定合理，下文將集中討論之。

要詳細解釋「未來偏見」，不得不提哲學家帕菲特（Derek Parfit）那個有名的思想實驗。想像某天你在醫院的床上醒來，記憶模糊。護士說由於檔案出錯，未能確認你是以下哪一種情況：（甲）你昨天接受了十小時沒有麻醉，異常痛楚的手術，事後服用了失憶藥，因此毫無記憶；（乙）你今天稍後將接受一小時沒有麻醉，異常痛楚的手術，事後會食用失憶藥，讓你忘記一切。面對以上處境，帕菲特相信絕大部份人都希望自己是（甲）而非（乙），並且會為自己是情況（甲）而高興。也就是說，我們情願痛苦的手術已然過去，而不是發生於未來，即使這代表經歷了更多痛苦（十小時而不是一小時痛楚）。[2]如果虛構的思想實驗未能說服閣下，心理學的經驗觀察也有類近結果。沙利文曾引用美國哈佛大學的心理實驗，說明人們淡化過去，偏重未來的傾向。實驗找來百多位人士，要求他們想像自己執行五小時沉悶無聊的數據輸入工作，然後說出心目中的合理報酬。結果想像工作於一個月後才開始的人，比想像工作

2　Parfit, Derek. *Reasons and Persons.* Oxford University Press, 1984, p. 165.

已經完成的人，要求的工資多出101%。[3]倘若參考哲學家薛富勒（Samuel Scheffler），「未來偏見」的具體原則可歸納如下：[4]

（一）痛苦最好於過去發生，快樂則盼望於未來出現。

（二）我們情願經歷已逝去的長時間痛苦，多於未來較短時間的痛苦。反之，我們情願經歷將來才出現的短時間快樂，多於已發生但較長時間的快樂。

（三）我們情願人生整體經歷更多痛苦，如果這樣可令痛苦較少於未來出現。反之，我們情願人生整體經歷較少快樂，如果這樣可令快樂更多於未來發生。

縱使「未來偏見」是普遍的現象，但必須留意它只限於特定範圍和對象。從範圍而論，「未來偏見」只針對痛苦和快樂，卻似乎不適用於人生中其他好與壞的事情。比方說，名譽和成就便與之無關。以成就為例，假設在已發表五本文學巨著，與將會出版一本文學巨著兩者中任擇其一，如果「未來偏見」於此成立（留意原則二），則我們理應選擇後者，可是絕大部份人似乎都會屬意前者。其次，按對象觀之，「未來偏見」看來只在第一身觀點下成立，第三者角度則不然。倘若你媽媽面臨方才醫院例子的景況，

3　Sullivan, Meghan. *Time Biases: A Theory of Rational Planning and Personal Persistence*, p. 76.

4　Scheffler, Samuel. "Temporal Neutrality and the Bias Toward the Future." *Principles and Persons-The Legacy of Derek Parfit*, edited by Jeff McMahan et al., Oxford University Press, 2021, p. 86.

我們大概並不會因為她是情況(甲)而開心，因為這代表她曾經歷更長時間的痛苦，而情願她屬於情況(乙)。可見在判斷他人的苦樂時，「未來偏見」似乎並不適用。[5]

不少論者認為，「時間偏見」不符合理性，這點在「鄰近偏見」中最為明顯：為了短期快速的利益，放棄長遠但更豐厚的回報，無疑並不理智。反之，「未來偏見」卻似乎是人所接受的共識，並無可議之處，畢竟誰不想將痛苦全留在過去？可是沙利文卻不認同，他認為「未來偏見」決非理性的態度，我們應該對時間保持中立，對人生中所有時間點不帶任何偏好，事情不應僅僅因時間差異而影響判斷(以後將簡稱之為中立論者)。沙利文相信理性要求人們須有一致明確的標準，判斷不可任意而為，此之謂理性的非隨意性(non-arbitrariness)。「未來偏見」的毛病之一，正在於它違反此原則：首先，如果「鄰近偏見」不合乎理性，苦樂與「現在」於時間上的近遠不影響其本質的話，那麼按相同邏輯，發生於過去還是未來，也只是與「現在」於時間上的先後差異而已，理應同樣判斷為不合理。此外，「未來偏見」只針對痛苦和快樂，對象亦只限於第一身，這種規限究竟有何理據？如果沒有的話，似乎「未來偏見」只不過是種任意的心理習慣與偏好而已。[6]

5　Parfit, Derek. *Reasons and Persons*, p. 182; Scheffler, Samuel. "Temporal Neutrality and the Bias Toward the Future.", p. 87.

6　Sullivan, Meghan. *Time Biases: A Theory of Rational Planning and Personal Persistence*, pp. 105-119.

「未來偏見」是否與理性不符？我們或許可以反向論證，設想時間中立論者的人生觀是否合適，從而顯示「未來偏見」的利弊。薛富勒就此曾提出多項對中立論的質疑，值得大家思考：[7]

　　首先，對中立論者而言，時間不會是治療傷痛的良藥。痛苦並不因時間過去而淡化，這種人生無疑難以支撐。其次，中立論者極可能失卻行事的動力。在他們眼中，過去的快樂，與將來的快樂並無二致（假設其他條件相同）。那麼與其追逐未來那些不確定的快樂，倒不如沉浸在過去已發生的幸福之中。如此還有什麼理由尋找新的經歷？承接這種想法，中立論對人際關係的影響亦值得留意。當一星期前的家庭聚會，與一星期後才舉行的家庭聚會，能令人同樣滿足時（假設其他條件相同），我們仍舊會像以往一般期待和珍惜人與人的相處嗎？還是從此變得疏離？這些都是中立論可能導致的壞影響。最後，帕菲特曾指出中立論者不會那麼懼怕死亡，為什麼呢？死亡的可怕與可恨之處，在於剝奪未來的快樂。可是對中立論者而言，愈接近死亡，雖然未來能期待的快樂逐漸減少，但卻有愈多過去的快樂可堪回味，在過去與未來同等重要的前提下，死亡似乎變得沒那麼壞。不過，薛富勒明確指出這觀點的致命漏洞，在於此說只適用於那些生命中樂多於苦的幸運兒，否則死前讓他們回顧的只會是一生的困苦，所

7　Scheffler, Samuel. "Temporal Neutrality and the Bias Toward the Future.", pp. 90-93.

以中立論對化解死亡恐懼的效力，其實有限。總括來說，如果以上論據成立，那麼中立論便不見得是可取的人生觀，這或能間接引證「未來偏見」並非毫無道理。

　　不管「未來偏見」是否合理，事實卻是其早已植根人心，無法擺脫。坦白說，人類之所以淡化過去，偏重未來，實在是無可奈何之舉，因為已發生的無法改變，此乃物理世界的基礎法則，但人生總得繼續，要好好生活，就只有着眼於能夠控制的將來。不過倘若我們能扭轉往事，改轅易轍，人們對時間的偏好或將截然不同。可是回到過去，改變命運是否可能？又會否如想像般可取？日後有機會再為大家探討。

參考資料：

Parfit, Derek. *Reasons and Persons*. Oxford University Press, 1984.

Scheffler, Samuel. "Temporal Neutrality and the Bias Toward the Future." *Principles and Persons-The Legacy of Derek Parfit*, edited by Jeff McMahan et al., Oxford University Press, 2021, pp. 85-114.

Sullivan, Meghan. *Time Biases: A Theory of Rational Planning and Personal Persistence*. Oxford University Press, 2018.

註定的宿命？

毫無疑問，人生總有時候感到事情早已註定，無力左右。倘若認真反省，不難發現生活中絕大部份的事情都非我們所能控制，人生的劇本彷彿早已寫好，被宿命主宰似乎是難以反駁的結論，於此哲學家又會如何回應？

與大眾心目中的宿命論不同，哲學家主要關心的是形上宿命論（metaphysical fatalism）。根據哲學家康尼（Earl Conee）的表述，形上宿命論是指世界上過去、現在與未來的所有事情，全部都永遠註定如是，並無其他可能。按此，它與坊間流行的宿命論有一些重要區別。首先，形上宿命論者並不相信世事的必然，背後有什麼「命運」或其他神秘力量左右（此亦不是哲學所能回答）。同理，形上宿命論也不認為世事總有某些理由或目的。簡言之，世事之所以無法避免，不在於任何意志的安排，僅只是世界運行的模式使然。[1]

這種形上宿命論，與時常提及的決定論（determinism）有何分別呢？決定論主張，根據過去已發生的狀況和條件，以及現實世界的自然法則，只有一個物理上可能的未來。

---

[1] Conee, Earl. "Fatalism." *Riddles of Existence: A Guided Tour of Metaphysics*, edited by Earl Conee and Theodore Sider, New edition, Oxford University Press, 2014, pp. 22-24.

因此哲學家泰勒（Richard Taylor）認為，宿命論與決定論的基本原則並無太大差異，一旦如決定論者一般相信普遍因果法則的必然性，那麼未來就早已決定，不能避免。[2]可是康尼則指出形上宿命論立場更為極端，關鍵在於決定論強調的「必然」，只在於因果之間的關係，形上宿命論主張的「必然」，卻與因果律則和自然法則毫不相干，而是更抽象的東西。決定論相信現在與未來被歷史和自然法則決定，不過理論上過去的狀況，或世界的自然法則，都仍有可能是另一模樣，如此則現在與未來亦將隨之改變。形上宿命論卻強調從過去到未來，所有世事已永遠註定，必然如是，一切並無其他可能，故此兩者並不等同。[3]

在釐清形上宿命論的基本想法後，是時候討論其理據。每當談到宿命論，定必提及古希臘哲學家亞里士多德著名的海戰例子：假設明天或許會發生海戰，而在今天有人預測明天海戰將會出現，而另一些人則預測海戰不會成事，沒有人預先知道何者為真。承接上述情景，我將借用康尼的描述為基礎，[4]以論證的形式把形上宿命論的論證表示如下：

前提一：「明天會發生海戰」（P）這句說話是真的，不然其否定「明天不會發生海戰」（~P）就是真的。

前提二：如果某語句為真，則它必然會為真。（例如：如果明天會發生海戰，則明天會<u>一定</u>發生海戰）。

<hr />

2　Taylor, Richard. "Fate." *Metaphysics*, 4th edition, Prentice Hall, 1991, p. 55.

3　Conee, Earl. "Fatalism.", pp. 22-24.

4　Conee, Earl. "Fatalism.", pp. 24-26.

結論一：無論P或~P為真，它都必然為真。

由此將推論出另一個具體上關於海戰的結論：

結論二：不管明天海戰會否出現，任何會發生的一方
　　　　（P或~P）的都必然會發生，不可避免。

　　要注意的是以上論證當中的「必然」指的是不可避免，而並非邏輯必然。再者，海戰只是任意選取，可用任何事件代替。總言之，這論證嘗試證明形上宿命論的最終立場：不論什麼事情，會發生的全部無可避免地必然會發生。

　　我們要如何回應這個論證？其實學界歷來已有大量討論，主要質疑兩個前提的真假。先就前提一而論，它依據的是排中律（law of excluded middle），意指某說話要麼是真，否則為假，並沒有其他可能。它與同一律和矛盾律，是三個最基本、廣為接受的邏輯定律。縱使如此，有論者指出排中律在海戰論證上並不成立，因為它只適用於已發生的事情，但關於未來的語句，現在並無相應的狀況使得其為真或假。正如海戰會否成真，要到明天發生了才能定案，因此在今天，「明天會有海戰」與「明天沒有海戰」這兩句說話仍然無法談得上孰真孰假，而只是未能決定（indeterminate），所以前提一是錯的。對於這個反駁，康尼並不認同，原因在於它否定語句可預先為真，而這立場有違直覺。例如小明在星期四說明天會有海戰，結果一語成讖，我們都會在事後（星期五）說，你昨天的說話原來是對的，早已成真。換言之，就算判斷某語句為真或假的相應

狀況只在未來出現，我們仍可合理指出現在的預測在本質上是對還是錯(要日後才可確定是認知問題，不是本質問題)，因此排中律仍然成立。[5]

倘若前提一難以推翻，或可轉為質疑前提二。事實上這個前提有兩種理解方式，涉及「必然」的歧義，但在此必先把什麼是「可能」與「必然」弄個明白。近世的模態邏輯家習慣以「可能世界」(possible world)這概念來定義可能與必然。所謂可能世界，粗略而言指的是有可能成真的世界，例如沒有戰爭的世界，哲學家受人愛戴的世界等等，現實世界不過是芸芸眾多可能世界之一。基於這種想法，「P可能為真」意指「P在至少一個可能世界為真」，而「P必然為真」等於「P在所有可能世界為真」。按此，視乎將「必然」置於整個條件句前面或是條件句的後半，前提二將有兩種不同的解讀：

N1：<u>必然地</u>(如果某語句為真，則它會為真)；亦即「在所有可能世界，如果某語句為真，則它會為真」。

N2：如果某語句為真，它<u>必然地</u>會為真；亦即「如果某語句在現實世界<u>為真</u>，則它在所有可能世界皆為真」。

先討論N1。這是無可置疑的必然真理，因為這個條件句說的只是如果A是紅色的東西，它就會是紅色，可是這根本不能證明A「必然」為紅色！若以海戰與可能世界代入，

5　Conee, Earl. "Fatalism.", pp. 27-29.

N1就是說在所有可能世界，如果那裡會有海戰，則會有海戰。可是究竟有多少個可能世界會出現海戰？是否所有可能世界都會出現海戰？這些仍是未知之數，它邏輯上不能推出結論一所要求的「必然」。另一方面，N2指出某說話為真，則代表它「必然」為真，如果N2成立，無疑足以推導出結論一。可惜N2明顯是不合理的，因為某說話實際上為真，並不代表它「必然」為真，充其量只代表它「可能」成真。就像如果明天真的會有海戰，也不代表在所有可能世界中的明天海戰都會發生。可以想像在某個明天天氣惡劣的可能世界，戰事就不會爆發。換言之，就算現實情況為何，也不能由此直接推論出它不可避免，所以我們沒有理由相信N2。[6]更重要的是依據N2，整個宿命論證將犯上乞題(begging the question)的謬誤。結論一宣稱現實上為真的都屬「必然」，因此他們需要解釋為什麼現實上為真的會在所有可能世界為真，但N2卻直接假定了這點，不合理地將結論要證明的放在前提作為理由，此舉根本無法證明什麼。綜合以上分析，可見前提二的兩種詮釋都未能支持結論一，形上宿命論的這個古典論證只能以失敗告終。

我們一般都認為過去木已成舟，無法改變，而未來仍然在自己手中。泰勒則指出宿命論者會將未來與過去等量齊觀，皆因兩者從來不曾在我們掌握之內。[7]可是人生如果最終只能按既定劇本走，我們的努力和選擇所為何事？

6　Conee, Earl. "Fatalism.", p. 30.
7　Taylor, Richard. "Fate.", pp. 55-56.

相信自由意志，反對宿命論，不論從理性與情感的角度而言，似乎都是無可厚非的結果。但世界不隨人心而改，人生之難，大概就在於身處殘酷的現實中，仍能砥礪前行。

參考資料：

Conee, Earl. "Fatalism." *Riddles of Existence: A Guided Tour of Metaphysics*, edited by Earl Conee and Theodore Sider, New edition, Oxford University Press, 2014, pp. 22-43.

Taylor, Richard. "Fate." *Metaphysics*, 4th edition, Prentice Hall, 1991, pp. 54-67.

如能回到當時？

　　無人可戰勝時間，但人類總千方百計與之競賽，甚至企圖控制與逆轉時光，改變命運，因此時間旅行，不管是飛越未來，或是回到過去，一直都是人類的宿願，也是流行文化歷久不衰的主題。可是我們真的能夠跨越時間，回到當時嗎？哲學家會怎樣思考這些問題？

　　哲學上對時間的理解眾說紛紜，而主流觀點大概有兩種，分別是「永恆主義」（eternalism）與「當下主義」（presentism）。粗略而言，「永恆主義」主張現在、過去和未來三者同樣真實存在。「當下主義」則認為只有現在才屬於真實，過去只是已消逝的事情，未來則是還未發生的變化。由於一般人多認同過去已然消失，未來尚未出現，因此大多是「當下主義」的支持者，下文亦將以此為討論基礎。

　　時間旅行應該如何理解？又為什麼令人費解？哲學家路易斯（David Lewis）相信當中的關鍵在於時間旅行結構上的奇特之處。假設小明打算來一趟時間旅行，從2000年回到1990年的香港，旅程歷時一小時。根據以上描述，小明本人經歷一小時的時間流逝，到達十年前的外在世界。於此出現了兩段不同的時間線：其一是旅行者自身經歷的時間，另外是客觀世界流逝的時間。兩者不論「方向」與「長度」都出現分歧。要解釋這個奇特的現象，路易斯認為

只好將時間分為兩種，分別是「個人時間」（personal time）與「外在時間」（external time）。前者指個體主觀所經歷的時間，後者描述的是外在物理世界的時間。在正常情況下，「個人時間」與「外在時間」的運行並無二致。可是在時間旅行的狀態下，彼此將分道揚鑣。據此，時間旅行結構上就是「個人時間」與「外在時間」出現顯著分歧的特殊狀況。[1]

　　與流行文化的想法有異，科學家與哲學家大多認為時間旅行並不可能，主因在於接納時間旅行的理論，均要面臨因果關係上的難題。針對回到過去的情況，時間旅人改變的任何事情，都會和他出發時空的事實發生矛盾。其中最耳熟能詳的論點莫過於「祖父悖論」：倘若你回到過去殺死自己的祖父，那麼你當初就無法出生，現在又怎可能有一個你回到過去殺死他？不過本文不打算重彈老調，轉而介紹另外兩種有趣的反對論點，分別針對時間旅行的主體與對象。

　　依照哲學家諾頓(James Norton)等人的表述，第一種反對時間旅行的論據可稱之為「沒有從未來而至的時間旅人」。[2]大家有沒有想過，如果時間旅行真的可行，遙遠的未來理應能發展出相應科技，從而回到我們現在身處的時間點，但是為什麼迄今為止還沒有時間旅人到訪？除非回

1　Lewis, David. "The Paradoxes of Time Travel." *American Philosophical Quarterly*, vol. 13, no. 2, 1976, p. 146.

2　Norton, Jame. "If Time Travel to Our Location is Possible, We Do Not Live in a Branching Universe." *Analysis*, vol. 78, no. 2, 2018, p. 260.

到過去有時間限制，例如無法回到一萬年以前，否則就算百萬年後才有相關技術，那時候的人仍可隨意回來。由此可見，回到過去在將來根本不可能實現！

對於以上質疑，諾頓提出兩種反駁。其一是關於時間旅人的特質：或許他們已曾到訪，只不過並沒有被發現，（因為低調行事？）或者他們對當下的時空並無興趣。另一種可能則是時空的基本結構阻礙所致。比方說，也許時間旅行物理上需要蟲洞（wormhole）為出入口才能成事，而我們身處的時空並無對應的蟲洞。又或時間回溯只能在某些特定的時空出現，故此無法抵達現在的時空。[3]無論如何，以上種種都旨在說明「沒有從未來而至的時間旅人」理論上未能完全抹煞時間旅行的可能。

針對時間旅行的對象，哲學家格雷（William Grey）認為時間旅行並不可能有「目的地」讓時間旅行者到達。[4]根據「當下主義」，未來是流動而未被決定，因此並無確切的目的地可達。例如你打算前往五十年後的埃及參觀獅身人面像。但五十年後還有沒有埃及這國家呢？就算埃及仍在，獅身人面像又是否屹立如故？這些都是懸而未決的。另一方面，過去則是已發生而不能再改變的事實，故此亦不可能前往，因為這意味着改寫過去。試想想，倘若你回到1999年3月10日晚上六時正的旺角地鐵站，當年當刻站內有一百人，

3　Norton, Jame. "If Time Travel to Our Location is Possible, We Do Not Live in a Branching Universe.", pp. 260-262.

4　Grey, William. "Troubles with Time Travel." *Philosophy*, vol. 74, no. 1, 1999, pp. 56-57.

假使你成功回到該處，那麼站內就變成有一百零一人，這就是改寫歷史。想像如果當年的你原本就在站內，那麼此舉更會令當時當地變成有兩個你同時身處其中，無疑匪夷所思。由此看來，未來尚未確定，過去無法改變，因此時間旅行前無所往，後無可達，並不可能發生。

　　縱使以上論證看來頗有道理，哲學家多維（Phil Dowe）卻不認同。首先，現代科學已經某程度證明了前往未來理論上可行。根據相對論，物件愈接近光速，其時間流動將會愈慢。實驗證明，原子鐘在超音速客機上，會比在地面上行走慢千萬分之一秒。按此，理論上如果有人乘上接近光速的太空船，往宇宙旅行兩星期，回到地球時將發現地上已過廿年，從實際結果來看他已經到達了未來。此外，針對回到過去的情況，多維相信格雷混淆了「改變」（change）與「引致」（causing）兩者。我們當然不可能改變過去，假如事實上A君活過了1950年，當然不可能回到1950年殺死他，否則將出現矛盾（A君活過同時活不過1950年），可是這不影響時間旅人能夠「引致」過去事情的發生。如果事實上A君於1951年死去，時間旅人就可以是回去殺死他的兇手。於此時間旅人並非「改變」A君於1951年死去的事實，而是「引致」此事實出現的原因。從一開始根本沒有「A君活過了1951年」這事實讓時間旅人「改變」。換言之，多維相信過去縱然無法「改變」，亦不能因此否證時間旅人能夠回到和影響過去。[5]

5　Dowe, Phil. "The Case for Time Travel." *Philosophy*, vol. 75, no. 3, 2000, pp. 442-444.

就我看來，多維對於前往未來的想法大致正確，可是關於回到過去的論點就有不少可商榷之處。第一，多維「引致」過去的說法預設了「循環因果」(causal loop)的可能，但這假設本身就極具爭議，至少與時間旅行同樣需要有力的證明。其次，我認為回到過去定必會「改變」過去。正如方才地鐵站的例子，就算你回到地鐵站後不接觸任何人和事，你身處那時那刻本身已經「改變」了至少一項事實：當時地鐵站內由一百人變成一百零一人。面對這個質疑，相信有論者會借用多維方才的說法辯護，即從一開始根本沒有「地鐵站內只有一百人」這事實讓時間旅人「改變」，當年的地鐵站由始至終都是一百零一人。可惜這個辯解一方面意味着我們回到過去的行為早已註定(那就要回到決定論是否為真的老問題)，另一方面仍然無法解答兩個自己同時存在於特定時間點的悖論。由此觀之，回到過去仍有很多邏輯與形上學的難題有待解決。

　　縱然心知回到過去難以成事，人為什麼仍然執意於返回從前？答案大概是我們都有想挽回的人和事。可是就算能回到過去，逝去的故事也不一定會繼續，重來的人生也不必然能如願，為什麼？下一篇文章會談談這個問題。

參考資料：

Dowe, Phil. "The Case for Time Travel." *Philosophy*, vol. 75, no. 3, 2000, pp. 441-451.

Grey, William. "Troubles with Time Travel." *Philosophy*, vol. 74, no. 1, 1999, pp. 55-70.

Lewis, David. "The Paradoxes of Time Travel." *American Philosophical Quarterly*, vol. 13, no. 2, 1976, pp. 145-152.

Norton, John. "If Time Travel to Our Location is Possible, We Do Not Live in a Branching Universe." *Analysis*, vol. 78, no. 2, 2018, pp. 260-266.

如果人生可以重來？

　　被過去束縛，是人生的悲劇，也是常態。後悔當初的決定，奢望人生可以重來，大概是難以擺脫的思想深淵。下文將從內容和形式上探討「如果人生可以重來」這問題的種種。

　　一般來說，「如果人生可以重來」是非常籠統的講法，具體內容往往人言人殊，讓我們逐一分析。第一種想法是重新投胎，開啟一段完全不同的人生。比方說，很多人都動過這樣的念頭：如果我是香港首富的兒子，人生就不致現在這般潦倒並毫無意義。雖然這種想法很普遍，但其實難以成立，原因在於就像哲學家內格爾(Thomas Nagel)所言，任何與你實際出生時間相距太遠的人，就不會是你。[1]為什麼呢？世上的東西可有不同性質，有些出於偶然，有些卻是必然的。就個人身份而言，小明可以或肥或瘦，純屬偶然，其改變不影響小明之為小明。可是出生的時間與父母誰屬，卻是個人身份的必然基礎，不能改變。假如當初你早三年出生，那麼構成你的精子和卵子自然不可能相同，DNA亦隨之而變。另外你的成長環境，包括遇到的朋友和際遇經歷也會截然不同，由此記憶與性格勢必大異，

1　Nagel, Thomas. "Death." *Mortal Questions.* Cambridge University Press, 1979, p. 8.

是以這個人的肉體與心理，大概都與現在的你無一符合。除非閣下相信永恆不變的靈魂，否則這個早三年出生的人，只會是你父母的另一名子女，卻沒理由認為他與你仍是同一個人。根據相同原則，假若父母變為他人，其兒子的肉體與心理，自然亦與現在的你不可能雷同。換言之，即使你「砍掉重練」，那個香港首富的兒子也不可能是你，他的人生有多幸福美滿都與閣下無關，可見重啟另一段新生的想法，只是沒法實現的奢望，並無意義。

或許說出「如果人生可以重來」的人並非妄想從頭開始，改弦易轍，而只盼望將光陰回轉到特定的時間點，改變當初的決定，逆轉命運。於此可再細分為兩類：是否攜同現在的記憶回到當初？首先，如果是完整的時光倒流，就像上帝把世界的所有人和事如錄影帶一般回溯，不留下時間差之中的任何記憶的話，那麼即使回到過去重來一次，你也會做出一樣的選擇，因為你還是當時的你。在所有條件相同的情況下，你何以認為自己此番會另作他選？要知道改變決定的念頭，僅僅存在於現在的你的心中，人只有經歷過才能明白，才會悔不當初，這就是成長，可惜成長的代價每每就是錯過。

倘若狀況如大多數的電影和小說橋段所想，你帶着現在的記憶和經歷回到過去，糾正當年的錯誤，結果又會如何？例如有些人會說，假使三十年前選擇到外國升學，而非留在香港，然後學成回流，投身商界，現在的生活定必更好。可是抱此想法的人往往誤以為世事會按自己心目中

的劇本走，在改變過去某個關鍵事件後，歷史的其他事項依舊會如已發生的軌跡再度重現。依上述例子，如果你三十年前改變決定到外國升學，一定會學有所成嗎？也許會客死他鄉、或成為階下囚、亦可能中彩票一夜致富，無人知曉。再者，就算你一如所料學成歸國（畢竟個人因素較易控制），之後的香港會否如已知的一般社會安定，經濟繁榮？還是新冠肺炎會早三十年出現？又或中美戰爭爆發？只要任一條件有異，現在生活定必更好的願望就極可能落空。換言之，將時間回溯到某時刻，然後另作他選，但其餘條件保持不變，從而逆轉人生走向，其實假設了可以只改變歷史其中一環，而不影響其他人和事。可惜世事的因果關係環環相扣，一旦過去被更改，在連鎖反應下就再無法估量其後續發展，於此我不是說情況必定會更好或更差，而是無從估計。如果以上推論成立，那麼這些逆轉命運式的人生重來，到頭來終究只是一廂情願，自欺欺人的妄想而已。

接下來讓我們轉為探討「如果人生可以重來」這問題的結構。假設人生當初的某時刻與現實不同，因而引致另一結果，這種思考其他可能的條件關係，哲學上稱之為「反事實條件句」（counterfactual conditional）。簡言之，反事實條件句是一種前項為假（與現實相反），後項（結果）隨之而變的條件句。上文香港首富兒子與外國升學的例子，都屬於這種模式。關於反事實條件句的判斷準則與特性，在邏輯學、形上學與語言哲學上都有異常複雜的討論，本文

難以詳述。於此我希望轉而援引認知科學家伯恩（Ruth M. J. Byrne）的研究，提出人們思考反事實條件句（以後簡稱「反事實思考」）時的傾向與模式，供大家參考。首先，多數人在「反事實思考」中都多着眼於行動（action）而輕視不作為（inaction），伯恩引述了一些心理實驗支持這看法。其中一項實驗是叫實驗對象設想如果公開向別人道歉，他們會說什麼。結果大部分人都選擇為自己做過的錯事致歉，而較少人因自己沒有做什麼而賠罪。[2]然而，行動與不作為於因果上的作用可以相若，就好像你給病人吃了無效的藥物，與不做任何治療，最終同樣是令患者病情惡化而已。因此，着眼於行動而輕視不作為，很多時候並不合理。但為什麼人們依然如此？伯恩認為原因在於想像的難度：一般而言，設想自己選擇另一行動，甚或放棄，遠比從原本沒有行動而設想應額外做些什麼來得容易。前者只是改變模式或刪除行動，後者卻要無中生有。[3]

在思考「如果人生可以重來」時，除了「反事實思考」外，另一種可能是以「半事實條件句」（semifactual conditional）來設想事情（下文簡稱「半事實思考」）。半事實條件句是一種前項為假（與現實相反），但後項（結果）仍然為真（與現實符合）的條件句，換言之即想像條件有變，

2 Byrne, Ruth M. J. *The Rational Imagination: How People Create Alternatives to Reality*. The MIT Press, 2005, p. 44.

3 Byrne, Ruth M. J. *The Rational Imagination: How People Create Alternatives to Reality*, p. 47.

結果卻仍然無法避免的情況。[4]套用上文例子示範就是「哪怕當上香港首富的兒子，我還是會像現在一樣感到人生無甚意義」與「即使我去了外國升學，最終仍會如現在一般潦倒」。「半事實思考」的重要性有二，首先在設想「如果人生可以重來」時，大部份人都只着眼於「反事實思考」，因為我們都盼望改變過去足以扭轉未來，卻忽略了「半事實思考」才可能是真相：縱使當初不再一樣，結果依舊無法避免。其次，為什麼我們如此渴望「人生可以重來」？有人或出於好奇，但更多時候是後悔和不甘：為做過的錯事和已發生的悲劇懊悔。於此伯恩指出，「半事實思考」往往有減低後悔和責備之效。[5]假如小明因為遲到而令朋友失去工作機會，如果事實是他就算準時到達，朋友仍然無法獲得工作的話，既然結果難以避免，小明便不會那麼懊悔，別人對他的責難亦應當減輕。

　　若從宏觀的角度考察，不管是「反事實思考」或「半事實思考」，這些構築另類人生軌跡的想像力，也可算是人禽之別的一環。動物只能夠按現實思考，無法想像其他可能世界。例如貓咪就不可能具備「如果我沒被收養，流浪街頭的話將會十分悽慘」的念頭。只有人類可以擺脫現實的枷鎖，思考身處另一可能世界的情況，此乃人類的天賦。正如內格爾所言，跳出自己的狀況與觀點，從後設的

4　Byrne, Ruth M. J. *The Rational Imagination: How People Create Alternatives to Reality*, p. 129.

5　Byrne, Ruth M. J. *The Rational Imagination: How People Create Alternatives to Reality*, pp. 132-134.

角度審視其他可能，是人類獨有而且難以割捨的本性。不幸地，這也是自尋煩惱的根源。

　　或許「如果人生可以重來」只是鏡花水月，可是想像人生的另一軌跡，縱然無法實現，至少能讓自己活於其他時空，不啻是人類思想自由的最後堡壘。此舉到底會令人愈陷愈深，還是逃離人生荒謬的最後救贖，往往存乎一念。不過我相信與其不斷懊悔自己的決定，更重要的是往後你為此做了什麼。人生最應該後悔的事，就是一直被後悔困在原地。把過去留在過去，將自己還給自己，才是當走的路。

參考資料：

Byrne, Ruth M. J. *The Rational Imagination: How People Create Alternatives to Reality*. The MIT Press, 2005.

Nagel, Thomas. "Death." *Mortal Questions*. Cambridge University Press, 1979, pp. 1-10.

現在

食物也要思考？

　　人活着不是單靠食物，但食物無疑不可或缺。可惜，大眾對食物的關注大抵只停留於「今天吃什麼」的層次，並沒有認真思考背後的各種文化、經濟以至哲學議題。下文將引用幾位學者的觀點，介紹食物哲學(philosophy of food)的基本面貌。

　　食物哲學涵蓋面十分廣泛，姑且先從比較抽象的形上學開始。到底何謂食物？有沒有所謂食物的本質？比方說，豬扒、礦泉水和維他命補充劑，三者皆為可進食的東西，何以人們普遍認為豬扒才算食物，但礦泉水和維他命補充劑則不算？分別在於固體與流質？天然還是人工合成？營養價值的高低？其實正如哲學家卡普蘭(David M. Kaplan)所言，關於食物的本質，哲學家仍未有共識，以下枚舉三個常見的想法予大家參考。

　　第一種想法認為，食物就是提供生物營養的東西。舉凡含脂肪、糖份、碳水化合物、礦物質等足以令生物維持能量與生長的東西，便算食物。按此食物的本質取決於其客觀性質，不由個人意願決定。另一方面，也有論者認為食物其實是文化產物，而不僅只考慮營養。食物是文化價值的展現，由社會、文化習俗來決定何謂食物，例如伊斯蘭教認為豬是飲食禁忌，近代西方社會普遍視貓狗為寵

物，決不可吃等等。由此延伸，食物更與禮儀習俗與國族認同相關。就前者而言，食物有所謂時節和場合之分，好像中國人新年聚會要吃年糕、西方聖誕節會吃火雞等；國族認同方面，我們之所以會說什麼中華料理博大精深，英國菜式單調難吃之類的評價，正正是從食物判斷國家文化優劣的好例子。由此甚至有論者主張食物與文化其實是互相定義的。最後，我們亦可以將食物視為任何令人有飢餓感和食慾的東西。只要你對某物產生食慾，它就算是食物。食慾可由生理（飢餓），甚至心理反應（記憶和情感）引發。極端一點而言，如果膠手套真的能喚起閣下食慾的話，那它對你來說就算食物。當然，到底食慾的對象有沒有「恰當」的規範，還是無所謂好壞，涉及繁瑣的心理學與哲學討論，於此無法詳述。不過假若接受這種觀點，食物的定義將變成完全主觀的決定。[1]

不得不說，食物與美學也有密切關聯。日常生活中有所謂「美食家」，意指那些懂得分辨食物味道優劣的專家。可是食物品味這回事，到底有沒有客觀標準？即使有，又從何得知，甚至怎樣應用於飲食評價之上？要知道在各種形式的美學判斷中，味覺可能最難有普遍標準。音樂尚且還有節奏與聲調可作客觀測量，繪圖也有黃金分割之類的標準參考，但味覺卻是純粹主觀的感受。甜酸苦辣難以量化，也無法以共通的標準描述，更遑論比較彼此的味覺感

1　Kaplan, David M., editor. *The Philosophy of Food*. University of California Press, 2012, pp. 3-4.

受，因此很多人相信食物品味最終根本無關道理，只屬感受。可是，如果味覺純為主觀判斷，日常生活中所有對食物品味的討論將變得毫無價值。[2]按方才的想法，當我說泡菜很難吃時，這個「完全主觀」的判斷於我而言就必然正確，那麼其他人反對又有何意義？這種極端個人相對主義的立場，並非所有人願意接受，如此，食物品味的標準，無疑仍需繼續探究。

由食物品味的討論，可以連繫至食物的道德面向。哲學家布朗（Matthew Brown）曾問及，挑食是否缺德的行為？讀者或會質疑，挑食不過是個人選擇罷了，是否需要上升至道德批判的層次？布朗卻深信挑食其實不合乎道德，這可從個人責任與群體責任兩方面分析。[3]就個人而言，挑食封閉了自我認知新事物的可能，同時辜負了對自己的責任。此話何解？先就認知新事物而論，挑食無疑阻礙自身享受更多不同的味覺經驗。以本人為例，過往我是頗抗拒魚生類的菜式，但多次嘗試後，才終於明白箇中獨特的鮮味。有趣的是，一旦放開胸懷，食物不單帶來感官的新經驗，更能啟發相關的新知識。食物是文化的載體，從食物甚至於得以認識相關文化的種種。好像對魚生的探究，將引領我們認識到日本魚類的品種（生物學）、產地（地理與經濟學）、以至日本料理師傅的職人精神（日本文化）等

2　Kaplan, David M. *The Philosophy of Food*, pp. 7-8.

3　Brown, Michael. "Picky Eating is a Moral Failing." *Food & Philosophy: Eat, Think, and Be Merry*, edited by Fritz Allhoff and Dave Monroe, Blackwell Publishing, 2007, pp. 196-203.

等。可見挑食所阻隔的經驗與知識，遠比很多人想像的豐富。進一步而言，挑食這種拒絕新事物的態度，更是思想開放（open-mindedness）的敵人。開放思維是重要的道德價值，令人不會劃地自限，勇於接受新事物，從而較能夠易地而處，與他人同情共感。布朗認為，我們對自身的責任之一，就是理應盡力發展、擴闊自己的眼界，成為更好的人，思想開放於此肯定佔重要席位。在這意義下，挑食明顯不利於開放思維的培育，甚至背道而馳，因此是辜負自身責任的錯誤行為。另一方面，就群體相處而言，挑食很多時候是無禮之舉，足以傷害別人感受、影響人際關係。想像聚餐時挑食人士帶來的點餐不便和爭執，又或兒子對母親的料理諸多挑剔，會如何打擊母親自信，便明白挑食對他人的影響。當然，這些傷害其實談不上嚴重，但傷害終究是傷害，而且人際關係的磨蝕，往往就是於細節上日積月累而成，不可不察。

雖然挑食是個有趣的話題，但若要討論與食物相關的道德爭議，首先令人想起的大概是食肉與環境保護等典型的動物與生態倫理議題。哲學家京治（Roger J. K. King）曾提出新穎的結構來把各種食物的道德考慮串連起來，值得在此介紹。京治的想法一言以蔽之，就是「飲食創造關係」（eating create relationship）。現代人類的各種活動，都不是個人獨自所能成就。飲食這種人類每天的必要消費，從生產、運輸、銷售到烹調，都是群策群力的成果。飲食把個人與他人、與動物、與環境三者直接拉上關係。一旦涉及

他者，行為便有所謂好壞對錯，亦即踏入廣義下倫理學的範圍。[4]

先討論與他人的互動。追求異性的時候，共進晚餐經常被視為交往的重要一步。以香港的情況為例，當初受新冠病毒蔓延時的限聚措施影響，只有真正重要的人，才值得我們「以命相約」，一同用餐。其實細心一想，家庭的節日飯聚、企業的商務晚宴、國家元首的國宴，都是人類情感交流、工作與政治活動的重要場景。可見進餐不僅僅是維持身體所需，其實也是人際交往常見而重要的橋樑。是以食物的質素、進餐的時間地點、當中的禮儀，自然有好壞對錯之別，處理不當的話，輕則影響朋友關係，嚴重可致大國決裂。

另一方面，動物當然也和食物脫不了關係。一直以來動物就是人類的主糧食，肉類已成為現代人的必需品，肉食更是現代社會的基本設定。對肉類的大量需求，加之以資本主義的生產消費模式，結果造就了現代密集農場。動物於密集農場的慘況相信不用我再多作描述。可以說，人類的飲食習慣，直接導致了動物的悲慘命運，我們是否需要因口舌之慾而如此折磨動物呢？這是個值得大家認真反思的道德議題。

最後，食物亦與自然環境息息相關。不論各種動植物，以至人類自身，說到底都是大自然的產物，仰賴自然

4　King, Roger J. K. "Eating Well: Thinking Ethically About Food." *Food & Philosophy: Eat, Think, and Be Merry,* edited by Fritz Allhoff and Dave Monroe, Blackwell Publishing, 2007, p. 178.

生存。我們生產與消費食物的方式，毫無疑問直接影響地球生態。好像現代農業與畜牧業的過度開發、大量碳排放與污水等，便嚴重損害土地、水源與空氣質素。此外，科技發展而來的基因改造食物，對動植物生態也有未知的風險。這些舉措如果不謹慎考慮，惡果最終只會禍延人類自己，乃至後世。

　　以上只是食物哲學的冰山一角，有興趣的讀者可參考文末的書單繼續探索。無論如何，其實只要用心觀察，致力思考，一簞食，一瓢飲，再簡單不過的事情，都是哲學思辯的好材料。

參考資料：

Brown, Michael. "Picky Eating is a Moral Failing." *Food & Philosophy: Eat, Think, and Be Merry*, edited by Fritz Allhoff and Dave Monroe, Blackwell Publishing, 2007, pp. 192-207.

Kaplan, David M., editor. *The Philosophy of Food*. University of California Press, 2012.

King, Roger J. K. "Eating Well: Thinking Ethically About Food." *Food & Philosophy: Eat, Think, and Be Merry*, edited by Fritz Allhoff and Dave Monroe, Blackwell Publishing, 2007, pp. 177-191.

愛侶愈多愈好？

　　很多人都相信真正的情愛關係容不下第三者，縱然其實不少人心底都希望自己能左擁右抱，但一旦將這種想法宣之於口，大概只會換來猛烈抨擊。到底愛情是否必須從一而終，還是愛侶愈多愈好？下文將介紹「多重伴侶關係」（polyamory）這種看似離經叛道的立場，藉此反思何謂理想的情愛關係。

　　現代社會普遍奉行「單伴侶關係」（monoamory），主張愛與性應是一對一的排他關係，不能容納第三者。與之相對，「多重伴侶關係」立場上接受多於兩人的愛情與性關係。按這兩種價值觀，分別衍生出相應的婚姻制度：「單配偶制」（monogamy）規定合法婚姻只限於二人結合；「多配偶制」（polygamy）則承認締結婚姻的人數可多於兩人。下文將分別把「單伴侶關係」簡稱為「一元論」，「多重伴侶關係」為「多元論」，另外本文探討的是多元論與一元論的爭議，而不是配偶制度的優劣。

　　要了解多元論，可先從其反對面，即一元論的原則談起。哲學家麥可莫特（John McMurtry）就曾批評單配偶制背後的原則（即一元論價值觀），由此引證一元論的弊病。根據他的分析，單配偶制有四項基本原則：[1]

1　McMurtry, John. "Monogamy: A Critique." *The Monist*, vol. 56, no. 4, 1972, pp. 588-591.

（一）伴侶須以婚姻合約形式，通過法律確認關係。

（二）婚姻關係形式上只容許兩人結合。

（三）所有人於同時段內只能擁有一段婚姻。

（四）已婚人士不能與婚約配偶以外的人有性（與愛情）關係。

麥可莫特認為，以上原則充分表達出現代社會中一元論價值觀對愛與性的極端宰制。就（一）而言，愛侶的親密關係，最終要滿足若干公權力認可的條件（法定年齡、血緣關係），同時遵循特定的法律程序，才算完整。（二）規限婚姻關係只容許一種模式，其他都不被社會與法律認可，因而亦無法享有相關權利和保障。（三）和（四）具體限制婚姻中伴侶追求愛與性的自由，否則便犯上重婚與通姦罪，須受法律制裁。綜合觀之，此等原則最終旨在以懲罰形式剝奪配偶的自由，企圖獨佔對方。麥可莫特因此認為，單配偶婚姻其實是私有產權概念的邪惡延伸，其背後的精神，即一元論價值觀，就是把配偶看成自己可控制的財產。

多元論反對一元論式的宰制，追求自由與真誠的互惠關係。多元關係的最基本定義，是多人的愛情與性關係，組合形式可以是一對配偶各自有婚外伴侶，也可以是不涉及婚姻的數人，互相認可的群體關係。多元關係的參與者亦不限於傳統的異性戀者，而接受男、女同性戀，以至雙性戀和無性戀人士。由於多元關係的組合可有多種變化，因此哲學家布雷克（Elizabeth Brake）認為定義多元論的最佳準則是其背後的信念，即「反佔有、溝通、坦誠」的價值

觀。[2]針對一元論主張的獨佔關係，多元論者十分強調反佔有的開放態度，因此才願意接受多人關係，例如三、四人彼此共享伴侶，甚或數人組成的開放家庭，不過這種多元關係，最終必須建基於互相溝通、坦誠的前提才可。由此，不管在任何組合中，真正的多元論者也應坦誠與伴侶訂定交往規則，例如互相申報各自的伴侶數目，協議多位愛侶之間的優次等等。歸根究柢，多元論者深信如果愛與性是人生中美好的事情，那麼自然希望擁有愈多愈好，因此真正對伴侶的愛，也應該是樂見彼此有更多愛與性的滿足，從而活得更幸福。多元論者甚至會反問，在一般情況下，排斥他人和佔有慾兩者，多被視為惡劣的品格，為何在愛情中卻變得理所當然？如果愛不是佔有與操控，而是共同追求與分享美好人生的話，那麼多元關係才是真正理想的情愛模式。

根據以上原則，將可以把常被誤認為多元關係的行為，與真正的多元論區分開來。比方說，性伴侶繁多不必然等於多元關係。假使同時有多位性伴就是多元關係，那麼很多人其實都是多元主義者了。另一方面，倘若小明有多位伴侶，但最終仍是希望找到一位愛人長相廝守的話，則心態上仍屬於一元論。總結而言，多元論的重點不在於行為模式，而是對多元論價值的支持和實踐。

2　Brake, Elizabeth. "Is 'Loving More' Better? The Values of Polyamory." *The Philosophy of Sex: Contemporary Readings*, edited by Raja Halwani et al., Rowman & Littlefield Publishing, 2017, pp. 203-204.

雖然多元關係看來頗為理想，但一直以來都被視為道德淪喪之舉。根據布雷克的分析，反對多元關係的主因可分作兩類：多元關係本身在道德上為錯，與多元關係會有嚴重後果。[3]為什麼多元關係不合乎道德？就我所見，香港有不少保守人士一直以「顛覆傳統價值觀」為理由而大力反對。對此必須反問：他們的「傳統」所指為何？是哪時哪地的傳統？如果指的是中國文化，那麼一夫多妻的多元關係才是千百年來中國人的慣例。就西方文化而言，一元論大概亦只限於基督教文化，與普世習俗沾不上邊。更重要的是，就算違背傳統又如何？歐洲的奴隸制度、華人社會重男輕女等等，都是歷史悠久的傳統，卻不見得正確。其實除非提出明確的理據，否則僅僅訴諸歷史，只是盲從教條，難以讓人信服。

　　有論者認為，多元關係涉及群體的情愛角力，難免出現情感欺騙與背叛，否則關係難以維持。可是仔細想想，一小撮多元論者不遵守溝通與坦誠原則，不代表多元關係本身必然為錯，就好像欺騙與背叛在一元關係中亦屢見不鮮，也不直接等於一元論不可取。再者，當比較兩種關係背後的理念，甚至可進一步推想多元關係實踐上更能減少欺騙與背叛。正正由於一元關係強迫彼此只能同時擁有一位伴侶，而人性終究貪多務得，結果便被迫走上欺瞞之路。反之，多元關係是事先協議的開放模式，結識新愛侶

3　Brake, Elizabeth. "Is 'Loving More' Better? The Values of Polyamory.", pp. 206-212.

也在彼此的預期之中，根本無須隱瞞或欺騙，所以與批評者的論調相反，多元論者似乎反倒較少機會欺騙伴侶。

　　即使多元關係本質上並非不道德，但或許有其他後果令人卻步，其中最常見的憂慮是影響子女成長。由於多元關係多不接受傳統婚姻，在育有子女的情況下，典型的父母角色往往不復存在，而變為多人(血緣父母＋伴侶父母)家庭，角色與責任分配可能變得混亂，最終令子女得不到適切的教育和照顧。不過，多人父母家庭只要安排得宜，可以比傳統家庭更有利於培育子女。從物質條件考慮，兒童將獲得更多資源，例如有更多的零用錢或教育基金。就精神層面而論，多人父母代表更多的愛與關懷，加上接受不同父母的教育，受各種觀點啟迪，對兒童的成長可能利多於弊。

　　或許就算證明了多元關係並不如一般所想的傷風敗俗和有害子女，仍然不等於有理由奉行。是以布雷克再提出幾個多元關係的優勝之處：[4]首先，多元關係反對宰制伴侶，在尊重對方情感與身體自主的前提下，建立更健康與自由的開放關係。其次，愛情關係會更流動，不再必須死守一種固定模式，而可按各人具體的身心狀況與需要，共同協商理想的情愛生活。此外，多元關係接納不同性取向，相比傳統異性婚姻，性小眾會有更公平的機會獲得愛與被愛的權利。最後，多元關係更符合人類追求多位伴侶

4　Brake, Elizabeth. "Is 'Loving More' Better? The Values of Polyamory.", pp. 212-214.

愛侶愈多愈好？　67

的天性。事實上不管多元論還是一元論者，大都有過同時愛上多人的經驗。倘若一元關係真的是那麼順從天性，為什麼現實上有如此多情感欺騙與婚外情？甚至社會輿論與法律亦禁之不絕？換言之，一元論根本只是漠視人類心理事實的空想。反之，在多元關係的世界中，人們的情愛生活會更自由與豐盛。

實踐多元關係無疑會大幅改變現存的社會結構與人倫價值，不容易為大眾接受，可是不管成功與否，也至少道出了一元關係的某些重要缺失。要實現「反佔有、溝通、坦誠」的情愛生活，是否非多元關係不可？我不知道，但它無疑提出了另一種對情愛關係的有趣想像，揭示人類生活的新方向。

參考資料：

Brake, Elizabeth. "Is 'Loving More' Better? The Values of Polyamory." *The Philosophy of Sex: Contemporary Readings*, edited by Raja Halwani et al., Rowman & Littlefield Publishing, 2017, pp. 201-219.

McMurtry, John. "Monogamy: A Critique." *The Monist*, vol. 56, no. 4, 1972, pp. 587-599.

情為何物？

　　人是情緒的動物，我們每一天都經歷各種情緒，小至朋友與情侶間的怨懟，大至國愁家恨。有些情緒不由自主，有些卻是深思熟慮的結果。情緒到底只是生物本能？還是人類智性的獨特表現？哲學家與心理學家眾說紛紜，下文將簡介情緒哲學的基本面貌，探討情緒到底為何物。

　　雖然人們都以為很了解自身的七情六慾，但事實上情緒遠比大家所想複雜，涉及文化、生理與道德面向。在綜合哲學家格爾迪（Peter Goldie）的討論後，以下先列出關於情緒的一些重要事實，[1]顯示情緒的重要：

　　（一）<u>情緒現象的多樣性</u>：情緒有不同的時間長短、對象與複雜程度，以至相異的生理反應以及與意識的緊密程度，似乎沒有統一的本質。

　　（二）<u>情緒與演化的關係</u>：部份情緒與人類演化關係密切，是所有文化共有的生物保護機制（例如恐懼），有些情緒則並不如此。

　　（三）<u>情緒與其他物種</u>：部份高等動物，與人類嬰兒都有情緒，並非心智成熟的人類獨有。

　　（四）<u>情緒與意向性</u>：情緒的特點之一是它總指向特定對象。

1　Goldie, Peter. "Emotion." *Philosophy Compass*, vol. 2, 2007, pp. 928-933.

（五）情緒與感覺：大部份情緒都伴隨主觀感覺。

（六）情緒的重要性：由於認為某事情重要，我們的情緒才會被撩動。

（七）情緒與理性：我們很多時候會以理性來評價情緒，例如面對不公義的事情時，憤怒是合理反應；或者因無知而來的自滿是不應該的情緒等等。

（八）情緒與行動：情緒會令人有所行動，好像憤怒就常常使人衝動行事。

（九）情緒與責任：我們要為自己的情緒負責，但不是所有情況如是。比方說受外來刺激而生的驚訝，斷非一己所能控制，因而不需要負責。不過，有些情緒卻屬自主選擇，更可能引起嚴重後果，例如仇視外來移民與否，便是我們應該深思與承擔責任的決定。

從上可見，情緒與宏觀的人類演化與社會現象，到微觀的個人感受、行動與責任息息相關，對實際生活有莫大影響，因此了解情緒，將有助認識自我。

明白情緒的重要後，接下來就是找出一套理論來解釋上述現象，以至情緒的本質，於此不同的哲學家與心理學家尚無共識，以下將根據哲學家羅賓森（Jenefer Robinson）的綜合，簡述數個較為主流的想法：[2]

2　Robinson, Jenefer. *Deeper than Reason: Emotion and Its Role in Literature, Music, and Art.* Oxford University Press, 2005, chapter 1.

情緒是感受(feeling)：提到情緒，最直接的想法就是主觀感覺。比方說，後悔就是揪心的感覺；愛慕就是甜蜜溫暖的感受。這種想法其實是將情緒視作完全主觀的精神狀態，只發生於人的腦袋之中，而且只有自己才最清楚當中感受，旁人無權置喙。雖然此定義簡單直接，卻不見得完備。首先，感覺不必然伴隨情緒，例如人常常會感到肚餓或疲倦，但當中不必摻雜任何情緒；而且，將情緒純粹還原為感覺，似乎誤解了情緒的本質。難道愛慕一個人，就僅只是甜蜜溫暖的感受而已？畢竟朋友或家人的關懷，同樣會溫暖人心。由此可見，感覺只是與情緒相關卻不必然共生的現象。

　　情緒是行為傾向(disposition)：如果情緒不僅止於感覺，還有什麼？不少哲學家與心理學家相信，情緒的特徵在於使人有所行動。所謂愛慕，不單是甜蜜暖心的感覺，而是具體行為，例如關心對方的感受、照顧其生活等等。當然，有時候我可以暗暗愛慕別人而毫無表現，因此情緒並非特定的舉動，而是行為傾向。例如憤怒就是種一旦情況許可，便會痛罵對方的意願。可惜即使如此修正，這種想法也要面對一些困難。第一，近似的情緒，每每產生類近的行為傾向。試想想，補償可以出於後悔或內疚，單憑行為根本難以分辨兩者。其次，行為傾向不必然出自情緒，例如關心某人雖可源於愛慕，也可能不過出於責任，是以行為傾向不宜與情緒混為一談。

　　情緒是生理反應(physiological responses)：憤怒時，我們

會心跳加速、血壓上升，由此觀之，情緒的重要特徵在於生理變化。不少心理學家甚至認為，沒有生理變化，單純的意識活動根本算不上情緒。按此推論，方才談及的主觀感覺或行動傾向均不足以成為情緒，只有在生理反應出現後，情緒才算完整。比方說，就算對你的冒犯言論反感，但唯有當心跳與血壓上升時，才是名符其實的憤怒。這種生理反應論很符合實際上的情緒表現，無奈仍要面對與剛才類近的反駁。細心一想便會發現，生理變化可以有其他原因，不必然由情緒引致。面對心儀對象的戀愛感覺會伴隨心跳加速，但患上流感或劇烈運動過後同樣可令人心跳不已。或許生理反應是情緒的重要元素，但將之等同於情緒終究流於片面。

　　<u>情緒是種判斷（judgement）</u>：近年最流行的情緒理論認為，情緒並不是某些非認知元素（例如感情或生理反應），而是認知狀態（cognitive state）：一種以信念或判斷為基礎的活動。舉例來說，你之所以會遷怒小明，原因是相信他侵犯了你的私隱，正是這個信念令你怒上心頭。所謂的喜歡，就是相信對方有某些優點，或判斷對方是真心待你好。這種判斷論的優點在於頗能解釋情緒的運作，我們大多認為，如果你喜歡某人，但其實你並不相信他有任何值得鍾情之處，未免有點奇怪。另外，事實上信念與判斷的改變，亦足以左右情緒的有無。例如一旦發現小明原來並沒有如傳言般背叛你，你的憤怒亦會煙消雲散。更重要的是，我們都說情緒有所謂恰當與否，例如我們會批評別人

不應妒忌旁人，或某某的恐懼並不合理等等。如果情緒只是感覺或生理反應，那就根本談不上應不應該，難道我們會說你心跳加速並不恰當嗎？反之，信念和判斷當然有真假和道理可循，是以說情緒是判斷，似乎更為合理。不過，縱然情緒判斷論有其過人之處，仍難免受到質疑：首先，人可以有價值判斷而不帶任何情緒，很多時就算某人言語上冒犯了我，我仍能不感到生氣或帶負面情緒。再者，初生嬰兒都有喜怒哀樂，可是根據已有的神經科學知識，嬰兒還未有複雜價值判斷的能力，也就是說，情緒可以在沒有判斷的狀態下出現。如果以上兩點批評成立，無疑顯示出判斷之於情緒，其實既非必要，亦不充分。

　　<u>情緒是看待環境的方式</u>（ways of seeing the environment）：討論至此，應當明白以單一特徵來定義情緒大概徒勞無功。既然情緒沒有單一本質，另一出路是概括地將之定義為看待環境的方式。[3]不論動物還是人類，都有追求的目標（例如生存、快樂），因此所有生命在此前提下，理所當然會根據自身環境，回應並評核影響自身目標的環境因素。再者，人類這種生物，既有動物生存本能的一面，也具備抽象思維與情感的能力。從以上兩點，便明白我們在評核環境後，按情況分別會有近似本能的情緒反應，與及社會文化建構而來的情緒判斷。比方說，恐懼其實源於生物演化的自我保護機制，促使我們在環境變得危險時快速脫離。

3　Robinson, Jenefer. *Deeper than Reason: Emotion and Its Role in Literature, Music, and Art*, pp. 17-19.

愛慕與厭惡則是高階情感，是人類在找尋依賴對象時相應的價值判斷。其實不管是感覺、行動傾向、生理反應，還是判斷，最終都可被視為人類在特定的生理與心理條件下，評核外界狀況後的各種回應，所以說情緒是看待環境的方式，儘管略嫌籠統，卻或許更能道出情緒的本質。

人是情緒的動物，可惜卻不見得很了解情緒。即使如此，我們至少需要坦承面對，多加認識，縱使情緒或許就像人生中很多問題一般，沒有確定的標準答案，才是最可能的真正答案。

參考資料：

Goldie, Peter. "Emotion." *Philosophy Compass*, vol. 2, 2007, pp. 928-938.

Robinson, Jenefer. *Deeper than Reason: Emotion and Its Role in Literature, Music, and Art.* Oxford University Press, 2005.

理性只有一種？

　　我們常聽到別人說要回歸理性討論，卻鮮有人會詳細解釋他們口中的理性所指為何。在好些情況，更會發現彼此心目中的理性其實全然不同。理性到底是什麼？又是否只有一種詮釋？

　　社會學家韋伯（Max Weber）認為，人類集體行動的原則大致可分為四類：情感、傳統、價值理性與手段——目標理性，當中以價值理性與手段——目標理性（或曰工具理性）兩者最為人熟悉。所謂工具理性，旨在尋找最有效的方法來達致目的，其基本原則是條件式計算，從目標的達成機率來評價行動的好壞，至於應該追求什麼目標，卻不在考慮範圍之內。價值理性則是決定人追求什麼價值的能力，例如道德、美學或宗教。價值理性針對的是行動的目標而非手段，亦不重視目的實現與否。不得不指出的是，很多人誤以為理性是現代文明的特性，甚或是西方啟蒙運動後才出現的產物，實在是莫大的錯誤。仔細考察歷史，哪怕是上古時代的落後部族，於祭祀儀式中獻上貢品祈求降雨時，就已是工具理性的展現。其實理性行動不限於特定文化，而是人類自古已有的基本思維能力。[1]

1　Kalberg, Stephen. "Max Weber's Types of Rationality: Cornerstones for the Analysis of Rationalization Processes in History." *The American Journal of Sociology*, vol. 85, no. 5, 1980, p. 1148.

倘若從概念分析的角度出發，當探討何謂理性，或更具體問及理性的人將如何行動時，大抵有兩個基本方向：行動是否理性上融貫（cohere），與是否有理由支持。[2]融貫是指某行動是否與其他目標或行為衝突，又能否互相支持。比方說，小明當下有兩個目標：（一）希望大學考試合格；（二）找到女朋友。如果他閉門苦讀，雖然能順利合格，卻難以結識異性，無疑與目標（二）衝突。不過，小明其實可以到圖書館自修，此舉既能夠於寧靜的地方學習，同時提高遇上同齡異性的機會，使（一）與（二）不相妨礙，甚至推動小明每天更有動力溫習，令（一）與（二）互相增益，可見這才是理性上融貫的決定。

另一方面，理性的人做事總講求理據，希望找到確切理由支持自己應做什麼，這大概是理性的最基本意思，無須再多解釋。不過必須注意，「有理由如此」與「應該如此」不盡相同，前者的規範力比較弱，不一定能直接決定後者。例如我們有理由遵守交通規則，但在運送垂危病人前往醫院時，拯救人命就是更強的理由不按交通指示行事。簡言之，即使你有理由做某件事，也可以基於其他理由而使你最終不應實行，各種理由時常會互相影響、抵消，決不能一概而論。

提到理性與理由的關係，有必要先梳理清楚相關術

<hr />

2　Kolodny, Niko., and Brunero, John. "Instrumental Rationality." *The Stanford Encyclopedia of Philosophy.* Spring 2020 Edition, edited by Edward N. Zalta, 2020, URL: https://plato.stanford.edu/archives/spr2020/entries/rationality-instrumental/.

語。借用哲學家布魯姆(John Broome)的解釋,分析哲學界一般視「rationality」、「reason」與「reasons」三者為相異但有密切關係的概念,一般人很容易混淆。「reason」意義繁多,但最重要的意思是指人類思維能力的一門,「rationality」則是其下的分支,而「reasons」指涉的卻是一個個具體的理由。由於中文翻譯難以完全對應,姑且暫以「理性思維」(reason)、「理性」(rationality)與「理由」(reasons)表示。粗略而言,「理性思維」包括多個面向,例如邏輯與道德思考,「理性」正是「理性思維」的其中一項,而「理性」指的是我們能對具體的「理由」做適當的回應,即按「理由」而行動的能力。[3]

不少人認為現代社會的重要特徵之一,就是工具理性,強調我們的行動都應該服膺此標準,是以值得仔細討論。哲學家埃利斯(Stephen Ellis)指出,工具理性內容複雜,於不同的處境和目標,將有迥異的判準,某些情況下合乎工具理性的行為,按另一標準卻並不如此。埃利斯曾以不少例子說明,現試援引部份論點如下:設想A君今天打算如常接太太下班,於是駕車到其辦公室,可惜太太早已離去。那麼,A君的行動是否符合工具理性?從事實與結果而論,答案當然為否,畢竟其行動未能對應太太已離開辦公室的事實,接她下班的目標亦沒有達成。可是,A君此舉卻並非全無道理,假如A君是歸納過往經驗,相信太太會在

3　Broome, John. "Is Rationality Normative." *Disputatio*, vol. II, no. 23, 2007, pp. 165-167.

辦公室等他，而太太今早亦已叮囑他要準時到達，只不過遇上緊急公務被迫提早離開的話，A君駕車迎接明顯是符合其信念的最合理之舉。換言之，從信念(beliefs)的角度評核，A君的行為切合工具理性的要求。由此可見，工具理性若從事實或信念的方向審視，可有不同結論。[4]

談及工具理性的信念層面，必須再說明一對重要區分，就是實際信念(actual beliefs)與理想信念(ideal beliefs)。前者是個人於當刻環境下相信之事，後者指的是行動者在理想情況和資訊下應具備的想法。假設B君迷信星座預言，堅信自己今天會獲得頭獎而花了數千元購買彩票。按其迷信星座的實際信念，買彩票無疑符合工具理性，但是我們大抵都不會認同此舉，因為這個實際信念本身並不合理，星座預言只是無稽之談。反之，B君理應明白中頭獎的機會事實上微乎其微，不值得浪費金錢，故此就理想信念的層面考慮，工具理性不會認同B君的行動。另一個相反方向的例子如下：C君的學歷與工作經驗優異，如果申請E公司的職位的話，有頗大機會被錄用。可惜C君天性悲觀自卑，堅信自己機會渺茫，最終只因家庭壓力而申請，結果成功入職。就事實與結果而言，C君自身條件勝任，同時取錄成功，申請E公司的職位無疑是合乎工具理性的舉動。不過從實際信念的角度考慮，由於他完全不相信自己會被錄用，只是礙於壓力而勉為其難應徵，此舉無疑與工具理性背道

4　Ellis, Stephen. "The Varieties of Instrumental Rationality." *The Southern Journal of Philosophy*, vol. XLVI, 2008, p. 203.

而馳。[5]

　　工具理性強調手段與目標的關係，但目標的類型亦可再細分為基礎目標(basic ends)與派生目標(derived ends)。基礎目標是一些本身就值得追求，比較宏觀的目標，不一定要求具體的行動；派生目標則是為着達成基礎目標引申而來，有具體行動方向的目標。[6]例如D君的基礎目標是世界和平，這個目標不見得明確規定他採取什麼具體行動，但或許出於世界和平的願望，會使D君萌生加入聯合國這個派生目標。按此，任何行動如果能成功使他於聯合國任職的話，就派生目標而言將符合工具理性。不過我們亦可想像某些行為雖可使D君加入聯合國，卻會損害世界和平，因而不切合基礎目標意義下的工具理性，由此可再次發現不同種類的工具理性之間的潛在衝突。

　　綜合以上分析，足見判斷行動是否符合工具理性，至少可分為「事實」、「信念」與「目的」三大類型來評鑑，並且彼此有一定張力。接下來要問的是，到底應該以哪一種來評價，甚或預測行為？坦白説，並無一套通用的規則可循，只能按具體情況與目的靈活變通，不過埃利斯也有一些建議：倘若關注長遠結果，着眼的應該是客觀事實與個人的基礎目標；如果希望令對方的決策思維更成熟，或許要教導他依據理想信念而不是實際信念行事。假如希望預測別人的行動，則從其實際信念與派生目標研究，效果

5　Ellis, Stephen. "The Varieties of Instrumental Rationality.", pp. 206-207.

6　Ellis, Stephen. "The Varieties of Instrumental Rationality.", p. 204.

應會較佳。無論如何，重點始終在於工具理性是一組複合概念，按情況可有不同應用。[7]

　　方才的討論相信足以說明理性的多元與複雜，由此應該明白，當指摘他人不理性時，很多時候只是彼此角度不同，而不見得是絕對意義下的對錯，同時亦應了解人類決策與行動時錯綜複雜的考慮，不宜動輒妄議他人。

參考資料：

Broome, John. "Is Rationality Normative." *Disputatio*, vol. II, no. 23, 2007, pp. 161-178.

Ellis, Stephen. "The Varieties of Instrumental Rationality." *The Southern Journal of Philosophy*, vol. XLVI, 2008, pp. 199-220.

Kalberg, Stephen. "Max Weber's Types of Rationality: Cornerstones for the Analysis of Rationalization Processes in History." *The American Journal of Sociology*, vol. 85, no. 5, 1980, pp. 1145-1179.

Kolodny, Niko., and Brunero, John. "Instrumental Rationality." *The Stanford Encyclopedia of Philosophy*. Spring 2020 Edition, edited by Edward N. Zalta, 2020, URL: https://plato.stanford.edu/archives/spr2020/entries/rationality-instrumental/.

7　Ellis, Stephen. "The Varieties of Instrumental Rationality.", pp. 207-208.

金錢才是自由？

　　現代人的生活，很大程度是以「時間(自由)換取金錢，金錢買取自由」這種矛盾的模式前進。縱然一般人都不會質疑金錢對自由的重要，卻並非太多人曾思考箇中原因。就此下文將借用哲學家柯亨(G.A.Cohen)"Freedom and money"一文，說明金錢與自由的密切關係。

　　坦白說，金錢與自由的關係似乎再明顯不過，有錢人做事隨心所欲，貧窮人士卻捉襟見肘，還有什麼好討論呢？不過即使普羅大眾深明金錢如何左右個人自由，卻大都不曾深究箇中的社會與經濟成因。再者，其實有不少右翼自由主義者揚言，個人自由與金錢其實無關，聲稱貧窮就是不自由，只是概念混淆的結果。因此重新審視兩者的關係，仍有一定的現實意義。

　　為什麼有論者會認為自由與金錢無關？或許一切應從哲學家柏林(Isaiah Berlin)說起。現代社會對自由的理解，大抵建基於柏林提出的消極自由(negative freedom)與積極自由(positive freedom)此藍圖之上。所謂消極自由，針對的是行動上免受外在人為干預的自由，積極自由則是人自己決定追求什麼目標的自由。由於柏林相信積極自由很容易被誤用，最終現代社會的結構，主要是以消極自由為基礎，因此本文討論的焦點將是消極自由與金錢的關係。依照柏林對消極自

由的定義,個人行動如果受別人的阻撓和威脅,或是政府以法律手段,例如加稅、罰款與監禁,從而增加行動的成本,或減少行動的選擇,都是對個人自由的干預。[1]

根據消極自由,只要行動沒被干預,你就是自由的。按此,某些自由主義者嘗試區分自由與手段之別。他們認為貧窮只是缺乏行駛自由的手段(或稱為能力),而不是自由被干預。情況就像沒有任何人阻止你環遊世界,只是你缺乏享受這種自由的手段——沒能力負擔旅費而已。就柯亨的分析,自由主義者的具體論證如下:[2]

(一)自由會因他人干預而受損,與有否行駛自由的手段無關。

(二)缺乏金錢並非被干預,只是欠缺行駛自由的手段。

(三)因此貧窮並不影響自由。

柯亨深信(二)為錯,他認為即使同意消極自由,金錢的多少仍然絕對會影響自由,關鍵在於金錢的本質就是解除行動限制,亦即增加消極自由。具體來說,柯亨的論證可以分為兩部份,分別是私有產權與自由的關係,還有金錢對私有產權的影響,以下將分別說明。

先論私有產權與自由的關係。現代市場社會中,大部份的物品和服務,都由私營企業擁有與提供。於此金錢是得到

---

1 Berlin, Isaiah. "Two Concepts of Liberty." *Liberty: Incorporating Four Essays On Liberty*, edited by Henry Hardy, Oxford University Press, 2002, pp. 169-179.

2 Cohen, G.A. "Freedom and Money." *On the Currency of Egalitarian Justice, and Other Essays in Political Philosophy*, edited by Michael Otsuka, Princeton University Press, 2011, p. 168.

這些東西的必要且充分條件(假設私營者願意出售)。任何人企圖不付錢而使用,就是侵犯私有產權,會受法律制裁。從形式層面描述,假如A擁有P而B並不擁有P,則A可以自由使用P而不受干預,但如果B企圖運用P,正常情況下將被禁止。柯亨曾以具體的例子說明:假設一位女士無法負擔火車票價,未能探望居於遠方的姊姊。她身心狀態良好,有足夠能力遠行,可是如果她偷偷乘上火車,按私有產權的法例,肯定會被警察拘捕與法庭檢控。換言之,要獲得任何出售物品和服務而免於被干預,別無他法,唯付錢一途。因此財產的分配其實是干預權利的分配。[3]

或有論者反駁,純粹的行動限制不必然損害自由,還要看被干預者有否相應權利,此乃權利式自由觀。舉例來說,如果我以自己的努力築起一間木屋,他人就無權盜用,而我制止別人侵佔亦不算得上損害其自由。柯亨對此有兩點回應。首先,即使最終有合理辯護,但私有產權整體而言確實規限了人的一些自由,不容爭辯。其次,柯亨以歸謬法反駁:依據同樣邏輯,當判決確實有罪的殺人犯監禁,我們其實並沒有剝奪他的自由,[4]但這結論明顯荒謬,是以權利式自由觀值得質疑。

我們或可從另一角度思考私有產權與自由的關係。私有財產制度是否必然比公有產權制更能保護個人自由呢?

3　Cohen, G.A. "Freedom and Money.", p. 176-177.

4　Cohen, G.A. "Capitalism, Freedom, and the Proletariat." *On the Currency of Egalitarian Justice, and Other Essays in Political Philosophy*, edited by Michael Otsuka, Princeton University Press, 2011, p. 153.

不見得如此。比方説，某郊野公園在公有的情況下，所有香港市民都可自由使用。倘若政府突然將之售與私人地產商，地產商使用郊野公園的自由無疑增加，而香港市民使用郊野公園的自由則會受限制，即使市民願意付費，地產商仍可以拒絕開放或出售。在此產權轉讓的情況下，社會整體的自由並無增加。由此可見，產權對自由的影響需按情況而定。

明白到私有產權與自由的關係後，接下來需解釋金錢如何影響私有產權，亦即自由。坊間經常有「可以用金錢來買自由」的説法，但金錢到底何以有此能耐？柯亨多次指出，金錢本質上不是物件。一張五百元鈔票，與一百個五元硬幣，物理上當然是完全不同的東西，但在解除行動干預的效力來説，絲毫沒有分別。進一步而言，金錢已經不必以物理形式存在，電子貨幣就是最佳例子。柯亨直言，金錢其實最終是社會意義下的權利分配，其目的與價值，終究在於移除私有產權對行動的限制。[5]試想想，只要花費金錢，便可以即時獲得使用物品與服務的自由(在對方願意出售的前提下)。更重要的是在自由市場主導的社會中，錢買不到的東西少之又少，問題只在於價格高低而已。故此在以私有產權為基礎的現代社會，金錢是移除法律干預而得到各種相關自由的重要，甚至唯一手段，財富的多寡其實等同於自由的高低，金錢本質上就是自由，這是整個社會的結構使然。

5　Cohen, G.A. "Freedom and Money.", p. 181.

細心反思，智力與外表都是阻礙行動的因素，卻不會被認為影響自由，為何金錢就是個例外？要知道智能和外貌對行動的妨礙實屬偶然，誠然外表不佳或愚蠢可能令人生失去某些選擇，但何謂美醜賢愚，與相應受到的對待，都因文化環境有異。反之，金錢的目的與價值，就僅只是解除私有產權對自由的限制，並且是最普遍有效的手段，因此金錢無疑是與自由相干的必然因素。

　　柯亨批評一些自由主義者聲稱反對干預自由，但其實僅止於反對干預私有產權，卻竟然對因貧窮而喪失自由的人或情況不發一言。[6]這種言行不一顯示出某些富裕知識分子的偏見，甚至虛偽。另一方面，如果我們認同柯亨，那麼財富的分配也就是自由的分配。人們普遍認為政府對財富的再分配，總不免侵害個人自由，但其實當政府以徵稅等方式轉移財富時，雖然削減了納稅人的部份自由，卻也增加了許多窮人的自由。從總體而論，社會的自由往往有增無減。換言之，財富的再分配，意義遠不止於促進社會平等和公義，更可提升貧苦大眾的自由。綜上所言，重視金錢，斷非單純的貪念，實有重要的道德意義，值得所有人多加注視。

6　Cohen, G.A. "Freedom and Money.", p. 187.

參考資料：

Berlin, Isaiah. "Two Concepts of Liberty." *Liberty: Incorporating Four Essays On Liberty*, edited by Henry Hardy, Oxford University Press, 2002, pp. 166-217.

Cohen, G.A. "Capitalism, Freedom, and the Proletariat." *On the Currency of Egalitarian Justice, and Other Essays in Political Philosophy*, edited by Michael Otsuka, Princeton University Press, 2011, pp. 147-165.

Cohen, G.A. "Freedom and Money." *On the Currency of Egalitarian Justice, and Other Essays in Political Philosophy*, edited by Michael Otsuka, Princeton University Press, 2011, pp. 166-192.

平等的價值？

　　假如你有兩位兒子，長子身心健康，熱愛運動；次子患有嚴重殘障，需要特別照顧。現在你面臨搬往大城市或鄉郊生活的抉擇：如果遷往城市，次子將獲得較好的醫療照顧，其生活水平能稍為提升，但全家人的經濟負擔勢必加重，新鄰居亦可能因次子的身體狀況而歧視長子；倘若搬到鄉郊，長子可以大大受惠於郊外環境而發展其運動天賦，不過次子就只能繼續艱難的人生。假如有理由相信，搬到鄉郊對長子的益處，遠大於遷往城市對次子的助益的話，在此兩難的情況下，大家會如何抉擇？

　　以上是哲學家內格爾（Thomas Nagel）提出的思想實驗，倘若從整體利益考慮，搬往鄉郊生活無疑是最佳選擇，不過內格爾並不認同。他指出平等主義者（Egalitarian）大概會主張搬到城市生活，就算這樣做對次子的助益，遠不及遷往鄉郊對長子帶來的好處要多，但畢竟次子更迫切需要援助，移居城市才是平等價值的展現。[1]就此，相信大部份支持平等的人都會同意平等主義者的抉擇，可是哲學家帕菲特（Derek Parfit）在"Equality and Priority"一文中，卻反駁此舉其實與平等無關。下文將簡述此文的內容，為大家分析平

---

[1]　Nagel, Thomas. "Equality." *Mortal Questions*, Cambridge University Press, 1979, pp. 123-124.

等到底有何價值。

先釐清平等的不同意思。平等的考量對象林林總總，包括政治、經濟或法律上的平等，其中個人福祉（well-being）大概是任何平等主義者都共同關心的目標，如果所有人能同等地生活得好（equally well off），就會是最理想的世界。由此，所謂「目的式平等主義」（Teleological Egalitarian），其基本立場是任何人生活得比別人要差，本身就是件壞事情。換言之，平等具備內在價值，本身就值得追求，不平等則反之。另一種對平等的理解，是「道義式平等主義」（Deontic Egalitarian），該主義者並不認為不平等本身是壞事，我們之所以追求平等，全因其他道德理由驅使，例如更公正與和平的環境。再者，倘若不平等的狀況非人力所能控制（例如天生的身體差異），本身亦不算是壞事（但可因其壞影響而判斷為惡）。對道義式平等主義者而言，平等其實只有工具價值，好壞全視乎原因或後果。綜合而論，目的式平等主義者主張不平等本身就是壞事，道義式平等主義者則認為不平等的壞處在於涉及人為的不公義。[2]

大多數平等主義者都屬於目的式平等主義，堅信平等的內在價值，帕菲特對此不以為然，並提出了著名的「拉平反駁」（levelling down objection）回應。按目的式平等主義，既然不平等本身是壞事，那麼不管方法為何，消除不平等在某意義下就必然是好的，但這將引致違反直覺的結

2　Parfit, Derek. "Equality and Priority." *Ratio* (new series), vol. X, 3 December, 1997, pp. 204-208.

論。設想世界發生了一種奇怪的自然災害，令所有原本生活較好的人變得和其他人同等地差（例如體能與智力下降）。由於這個改變令人們變得更平等，亦不涉及任何人為的道德錯誤，那麼至少在平等的意義下，目的式平等主義理應歡迎這個改變。可是這種災害只會令部份人的福祉下降，但卻沒有任何人會變得更好，如此拉平所有人的生活質素，又怎能算是好事？簡言之，「拉平反駁」的質疑在於這種以拉平方式達致的平等，即使令某些人的生活質素降低，同時對所有人也毫無好處，但目的式平等主義者卻仍然認為它在某意義下是更好的世界，這判斷明顯與直覺衝突，[3]因此我們理應反對目的式平等主義，平等本身具內在價值的想法成疑。

即使「拉平反駁」成功擊倒目的式平等主義，也並不代表應徹底拋棄社會平等，因為我們大可轉投道義式平等主義的陣營。可是一旦放棄平等本身有內在價值的想法，在好些情況下將難以說明我們為何應該重新分配資源。比方說，貧窮國與富裕國的差距，往往基於天然資源的分佈不均，但這種不平等與人為的不公義無關，按此道義式平等主義其實並無反對的基礎。可是我們大抵都同意援助缺乏資源的貧窮國是迫切的道德要求，故此道義式平等主義同樣不是理想的選項。

面對上述難題，帕菲特提出「優先權主義」（Prioritarianism），嘗試在平等主義外提供另一出路。在思

3　Parfit, Derek. "Equality and Priority.", pp. 210-212.

考如何能促進平等時，我們常常會認為提升困苦人士的福祉更為迫切與重要，帕菲特指出這種想法背後的價值觀其實並非源於平等，而是優先權。優先權主義認為不應對所有人的福祉一視同仁，最為困苦弱勢的一群，其福祉應比其他人的份量更重，並優先處理。或許有論者會說，目的式平等主義者都會優先提升困苦人士的福祉，因為此舉可以縮減與其他人的差距，從而增進平等。即使如此，兩者的原則始終截然不同。目的式平等主義之所以優先照顧弱勢，全因平等的考慮，相信不平等本身就是壞事，但優先權主義並無此意，除非不平等會引發其他壞影響，否則平等與否本身無關痛癢。兩者的結構差異在於，不管是目的式或道義式平等主義，着眼的是相對值，主張縮減人與人之間福祉水平的差距。優先權主義關注的卻是絕對值，只要任何人的福祉低於某個絕對水平，就應被優先考慮與幫助，有沒有人比他們過得更好並不相干。[4]

　　優先權主義有何優點？首先，既然優先權主義不相信平等本身有內在價值，因此「拉平反駁」對它毫無威脅。再者，優先權主義能夠合理解釋援助缺乏資源的貧窮國時，原因最終與平等無關，而只出於對絕對水平下困窘的貧窮國的關懷。同理，本文開首搬家抉擇的例子中，內格爾（與很多人）支持搬到城市的理由，即殘障的次子更迫切需要援助，其實是優先權主義而不是平等主義式的思維。由此看來，優先權主義是更符合直覺，更優勝的理論。[5]

4　Parfit, Derek. "Equality and Priority.", pp. 213-214.
5　Ibid.

既然平等主義與優先權主義的主張截然不同，兩者又何以常被混淆？帕菲特認為可能原因有三：第一，平等主義者多年來致力爭取法律、政治上的平等，但在這些議題上，平等主義與優先權主義的區分不見得適用。其次，平等主義者常常假設當社會變得更平等時，整體的利益也將上升。既然所有人都會受益，是以平等根本不會和優先權相違。最後，即使某些情況下的平等措施會令整體福祉下降(例如方才搬到城市的例子)，但往往可令弱勢人士受惠，由此平等與優先權亦沒有衝突。[6]

　　如果我們並無理由相信平等有內在價值，但又不同意優先權主義的話，或許可以換個方向，從消除不平等的好處着眼，反證平等至少有工具價值。於此哲學家斯坎倫(T.M.Scanlon)曾分析各種泯滅不平等的理據，篇幅所限，以下只能點列介紹：第一，解決不平等往往有助於舒緩弱勢社群的困境。第二，避免標籤化與歧視不同族群。第三，防止受他人宰制。第四，保障程序公義。[7]

　　雖然現代社會大多數人都深信平等是值得追求的理想，但到底平等的價值為何？深思熟慮的人也許不多。以上討論縱然只停留於觀念分析，不過誠如帕菲特所言，概念分類或許抽象沉悶，卻是舉足輕重的工作，叫我們不致淪為人云亦云的愚昧之徒。

6　Parfit, Derek. "Equality and Priority.", p.215.

7　Scanlon, Thomas M. "The Diversity of Objections to Inequality." *The Difficulty of Tolerance: Essays in Political Philosophy*, edited by T.M. Scanlon, pp. 202-218.

參考資料：

Nagel, Thomas. "Equality." *Mortal Questions*, Cambridge University Press, 1979, pp. 106-127.

Parfit, Derek. "Equality and Priority." *Ratio* (new series), vol. X, 3 December, 1997, pp. 202-221.

Scanlon, Thomas M. "The Diversity of Objections to Inequality." *The Difficulty of Tolerance: Essays in Political Philosophy*, edited by T.M. Scanlon, pp. 202-218.

傷健的迷思？

　　隨着近日帕奧（Paralympic Games）的舉行，令世界目睹殘障（disabled）選手的優異表現，叫不少健全人士自愧不如，由此不禁令人思考，其實我們與殘障的距離到底有多遠？殘障與健全又如何區分？

　　哲學上對殘障的定義其實頗為複雜。哲學家沃塞曼（David Wasserman）指出，殘障包括的種類廣泛，一般來說患有肢體傷殘、器官功能不全、基因或遺傳病變、精神與認知異常等等，都可被定義為殘障，從病理或功能層面而言，似乎難以找到共同特點。若細心觀察，甚至會發現殘障者之間的差異，也許比健全人士彼此的差距更大。不過，縱使定義有一定難度，學界大體而言都有兩點共識：即殘障是指生理或心理功能的障礙（impairment），與及由此等障礙引致的個人活動或社會生活上的限制（limitation）。所謂「障礙」，是指相較於「正常」人士，失卻某些重要的能力。要注意的是「障礙」必須是那些不能隨時改變的個人特質，因此貧窮縱然大大限制人們的能力，卻並非障礙。反之，由於疾病是個人本身的特質而致的能力缺陷，故此應被視為「障礙」。至於「限制」，指涉範圍十分廣泛，由身體的基本動作如舉手，或相對複雜的行動，好像穿衣和煮食，進而到社會參與，例如工作、投票等行動上的困

難，都算「限制」。[1]

　　取決於對「障礙」與「限制」之間關係的理解，有兩種主流的殘障理論。[2]第一種傳統上稱為「醫學模式」，按此，生理或心理功能的障礙，是殘障者面臨限制的主因（甚至是唯一因素）。情況就好像失明人士的生活限制，全因喪失視力所致。另一種「社會模式」則認為「醫學模式」過份強調生理條件，忽視社會環境的影響。「社會模式」的支持者相信造成限制的主因並非身心障礙，而是社會制度排擠的結果。再以失明人士為例，倘若社會上的設施都顧及其需要，例如備有點字或聲音系統的話，則失明縱使是種「障礙」，卻不見得對日常生活有太大「限制」。以上兩種想法都有其道理，可惜各走極端。「醫學模式」無視環境與制度對人類行動的真切影響，「社會模式」忘記殘障人士面對的限制與身體障礙的關聯，否則單論純粹的社會排擠就等於殘障的話，那麼同樣受大眾歧視的性少眾和少數族裔，都將一併被定義為殘障。是以現在主流的看法認為，身體障礙與社會排擠兩種因素聯合起來才是「限制」的完整成因。

　　在討論殘障與健全的話題上，有兩個概念經常出現，它們看似簡單，其實涉及甚多迷思，分別是「正常」與

1　Wasserman, David, Asch, Adrienne, Blustein, Jeffrey and Putnam, Daniel,. "Disability: Definitions, Models, Experience." *The Stanford Encyclopedia of Philosophy*, edited by Edward N. Zalta, Summer 2016 ed., URL = https://plato.stanford.edu/archives/sum2016/entries/disability/.

2　Ibid.

「健康」，以下將逐一分析。

　　提及殘障，人們最直接想到的就是「正常」與「不正常」之別。「正常」人有四肢，能自主步行或說話，殘障人士則缺乏這些能力，屬於「不正常」的一群，這就是傷健之間的差異。可是「正常」應該如何定義？要知道「正常」這個概念至少有兩種意思，分別屬於統計學意義與規範意義。前者粗略來說是指數學模型上的分佈，在普遍值範圍出現的情況就叫「正常」，反之便是「不正常」。問題在於將「不正常」等同殘障其實並不妥當。一個左手只有四隻(或六隻)手指的人，與身高七尺的亞裔籃球員，統計學上而論其身體都屬於「不正常」，可是我們大概不會視之為殘障。為什麼呢？因為當談及「不正常」時，往往不是統計學上的意思，而是規範意義下的價值判斷，相當於「有缺陷」之意。按此，在討論殘障的語境中，規範意義的「正常」，指的就是生理結構和能力，認為某些能力是人類普遍具備(例如步行或說話)，沒有就是種缺陷。對此哲學家阿蒙森(Ron Amundson)反駁，所謂「正常」的結構和能力，於生物學上是個極有問題的概念。[3]首先，阿蒙森引述生物學與解剖學家的研究，說明人類結構與能力上的差異，遠比我們所想的要大得多。[4]退一步而言，就算有所謂人類普遍具備的正常能力，但並非全部都和殘障相關。

3　Amundson, Ron. "Against Normal Function." *Studies in History and Philosophy of Science Part C: Studies in History and Philosophy of Biological and Biomedical Sciences*, vol. 31, no. 1, 2000, p. 34.

4　Amundson, Ron. "Against Normal Function." pp. 43-45.

比方說連續眨眼對絕多數人來說輕而易舉，可是無法做到的人大概算不上殘障。至此或可修正說，判定殘障與否，當然只限於「重要」的能力，例如視力、說話、移動能力等等。由此可引入阿蒙森的另一論點：他認為人類的「能力」這個概念指涉的範圍廣泛，由身體的基本活動，到運用工具來改善環境都屬其中。[5]事實上一個只能單手活動的殘障者，只要適當運用工具，也可以和健全者同樣操縱各式各樣的器材；輪椅使用者不能以雙腳步行，但輪椅在平地的移動速度比步行要快得多。換言之，就操縱與移動這兩種相信無人質疑的「重要」能力而言，只要配合適當工具，「不正常」的殘障者，也可以跟「正常」人無甚差別。我認為反對者可思考以下類比：如果我們認為近視者配上眼鏡，回復視力後不算殘障，為什麼截肢者裝上義肢，重獲步行能力卻仍屬於殘障？由此觀之，「正常」與「不正常」根本不是健全與殘障的恰當區分。

對很多人來說，「健康」大概是殘障的相反語，哲學家亞斯(Sean Aas)卻反對將殘障與「不健康」劃上等號。亞斯解釋，「健康」是個相對概念，情況就如說一個人長得很「高」一般，有程度之分，我可以比小明高，但較小強矮，要看參考對象和語境才有確切意義可言。[6]即使在健全人士中，也有比較健康與不健康的差異，因此殘障人士相較於某些人或許沒那麼強健，卻同時仍可比很多人健康。

5　Amundson, Ron. "Against Normal Function." pp. 45-46.

6　Aas, Sean. "Disabled-therefore, Unhealthy?" *Ethical Theory and Moral Practice*, vol. 19, no. 5, 2016, pp. 1266-1268.

更重要的是，現實生活中明顯有不少例子，證明殘障人士的確可以很健康。例如帕奧上的義肢或痙攣選手，障礙縱然比常人多，但若論心肺功能或肌肉力量，肯定比不少都市人強健。是以把殘障等同於「不健康」，只可說是片面印象，經不起考驗。綜上所言，足見「正常／不正常」與「健康／不健康」兩者並非截然二分，亦不足以反映殘障與健全的距離。

在我看來，討論殘障與健全之別，至少有兩個重要意義。從個人出發，它讓我們認清生命的走向。或疾病、或年老，人的身心終會衰敗，因此殘障不是少數人的「專利」，只要運氣稍遜，或活得足夠地老，殘障終是所有人的宿命。就社會層面而言，探究殘障與健全的差異，目標不在於要將兩者等量齊觀，恰恰相反，是希望令大家明白和接受人類於身體、思想和能力的多樣性，為建設和而不同的社會踏出重要的一步。

參考資料：

Aas, Sean. "Disabled-therefore, Unhealthy?" *Ethical Theory and Moral Practice*, vol. 19, no. 5, 2016, pp. 1259-1274.

Amundson, Ron. "Against Normal Function." *Studies in History and Philosophy of Science Part C: Studies in History and Philosophy of Biological and Biomedical Sciences*, vol. 31, no. 1, 2000, pp. 33-53.

Wasserman, David., Asch, Adrienne., Blustein, Jeffrey., and Putnam, Daniel,. "Disability: Definitions, Models, Experience." *The Stanford Encyclopedia of Philosophy*, edited by Edward N. Zalta, Summer 2016 ed., URL = https://plato.stanford.edu/archives/sum2016/entries/disability/.

為什麼要做好人？

　　德福一致是人類的宿願。我們總希望善有善報，惡有惡報，但現實更多時候卻並不盡如人意。惡人當道，義人蒙難的例子俯拾皆是。由此，「為什麼要做好人」似乎是所有人都必須思考的人生課題。下文將討論一些常見的講法，讓讀者思考。

　　先從問題的對象和預設開始。誠如哲學家尼爾森（Kai Nielsen）所想，質問「為什麼我要做好人」的人，不一定是十惡不赦之徒，也不必是個認為世上沒有客觀是非標準的道德虛無主義者。就如你我一般，質疑者不必然否定道德標準的存在，甚至很明白社會上道德規範的理據，但就是認為自己不見得有必要遵循。換言之，他們只是一些做了壞事也不會內疚，覺得損人利己並無不可，但也明白道德規則為何物的普通人。面對這種「普通的壞人」，我們能提出什麼理由證明他們應該要遵守道德？（下文開始將會把「為何做好人」與「為何遵守道德」兩者視作同一問題）再者，當嘗試證明人應該遵守道德時，比較恰當的做法似乎是提出一些「非道德理由」（non-moral reason），好像經濟、個人利益、或美學上的理由等等，而不應以「道德理由」（moral reason）為根據，否則便會犯上乞題（question-begging）的謬誤。例如有人質疑為什麼道德要求人們孝順父母，你

說回報養育之恩才是道德上正確的話，此舉只是將「孝順才是道德」這個預設重申一次，無法證明什麼。最後，以上想法其實預設了「非道德理由」比「道德理由」有更根本的地位，前者足以證明後者合理。[1]

　　然則有什麼理據支持我們要做好人？於此大致有三類論據：第一類是訴諸超越的形而上標準，例如宗教，或客觀自存的道德律令。其次是社群的考慮，指出道德是社會穩定與發展的基石，令所有人受惠，理應遵從。最後是着眼於個人利益，相信長遠來說道德是爭取自身利益的最有效方法。由於第一類理據涉及抽象繁瑣的形而上學討論，礙於篇幅未能涉及。下文將探討「社群」與「個人」兩類理據。

　　說道德是維持社會穩定的基礎，道理明顯不過。相較於互相傷害、毫無秩序的混亂狀態，道德規範令彼此和平共存，讓社會順利運作。既然我們都不希望身處危險而無序的社會，因此理性的人都應該服膺道德的規範。就此尼爾森指出，這種想法其實只能夠說明「我們」理應遵守道德，而不是「我」應該遵循道德。[2]社會穩定是大家的共同目標，因此由群體考慮，我們應該致力製造和諧穩定的社會環境，讓彼此安居樂業，實屬理所當然。可是從個人立場而言，情況卻不盡相同。只要社會上大部份人奉公守法、依道德而行，那麼零星偶爾的壞事，根本不會對社會有太大影響。個人的

1　Nielsen, Kai. "Why should I be moral? Revisited." *American Philosophical Quarterly*, vol. 21, no. 1, 1984, pp. 81-83.

2　Nielsen, Kai . "Why should I be moral? Revisited." p. 84.

惡行並無驚人的破壞力，足以摧毀社會穩定。畢竟壞人不需要全日無休，他可以選擇在不被發現與安全的情況下才做壞事。簡言之，這其實是搭順風車(free rider)的老問題。就以考試作弊為例，如果全體考生作弊，整個考試制度便因再無公信力而崩潰，無人得益。但當絕大部份考生都安份守己，我又有信心騙過考官的話，既然不會拖垮考試制度，對自己又有利無害，那為什麼不作弊？由此可見，群體利益未能有效證明個人理應要成為好人。

有論者認為，遵循道德的人生會更快樂幸福，是以我有理由做個好人。此論背後有兩種基調接近但重點相異的理據，首先是自利主義。明智的自利主義者相信，雖然凡事只以自身利益為先，短期內能獲得好處，但情況一旦持續，總會遭他人發現，排斥唾棄。因此長遠來說，依道德規範做個利他的好人，才能與人融洽相處，達致美好生活。其次，也有論者強調道德與幸福的緊密聯繫，深信無德之人不可能幸福。親情、友情、愛情等，無疑都是幸福人生不可或缺的條件，而自私自利、不照顧他人感受的壞人，難有真正的朋友與愛人。反之，好人才能夠擁有這些價值，所以人有理由道德。以上兩種論點無疑耳熟能詳，貌似合理，卻有一重大缺陷，就是與現實不符。認真反省，定必發現實際生活中壞人往往衣食無憂，甚至飛黃騰達；好人卻總是生活困苦，妻離子散。前者反證自利主義者的盤算失誤，後者顯示現實上道德與幸福其實並不如想像中密切扣連。尼爾森更提出了這樣的例子：想像一群邪

惡的精英統治者，視下屬與人民為棋子，恣意操控，不理其死活。可是在這群統治者的小圈子之間，仍然可以有真誠的關係，有所愛的家人與真正的朋友，親情、友情、愛情一無所缺。[3]面對這些已坐享名利、權力、美滿家庭的壞人，似乎再沒有理由證明他為何要做好人。

不管從社群或個人觀之，看來都無法說服我為何要做個好人。到底問題出在哪裡？哲學家文貝利(Thomas. C. Mayberry)認為，方才的論證策略從一開始就是錯誤的：「為什麼要做好人？」這問題不能以理由證成的方式回答。首先，理由可以無窮追溯。如果某人問：足球有什麼價值？無論你提出任何理據，好像強身健體、鍛鍊意志，別人總可以繼續質疑，即使再提出其他更根本的理由作解釋，他仍然可以追問下去。要避免無窮回溯，唯有提出終極理由，就此停止。上文的論證策略，就是以社群或個人利益為最後理據。不過文貝利認為，這種以「非道德理由」(社群或個人利益)為終極理由來支持道德的方法，註定徒勞無功，因為此舉預設「非道德理由」比「道德理由」更為基礎，但這根本錯誤理解道德的本質。假若某人是因「非道德理由」而與人為善，我們應當質疑他是否道德之人。文貝利舉例說，如果你只是出於自利這種「非道德理由」而信守承諾，那你其實不明白承諾為何物。承諾的道德意義，正在於明知有損自身利益仍然一以貫之。[4]

3　Nielsen, Kai. "Why should I be moral? Revisited." p. 88.

4　Mayberry, Thomas. C. "On 'Why should I be moral?'" *Canadian Journal of Philosophy*, vol. 8, no. 2, 1978, p. 364.

倘若説之以理此路不通，該如何是好？文貝利認為只能以説明、教導的方式着手。換言之，我們應向質疑者描述道德生活的內容，引導他們明白道德的價值和意義。[5]文貝利相信，「如果你不明白為何傷害別人是錯的話，你需要的不是證明而是説服，不是理據而是道德訓練，不是證成理由而是明白何謂道德，你需要的是內心的改變」。[6]具體而言，最好的方法也許是從實踐中體驗道德的價值。就好像要令人明白足球運動的意義，與其長篇大論列舉足球的外在價值，倒不如直接和他看一場精彩的球賽，甚至邀請他親身體驗踢球的樂趣，反令他更容易成為球迷。不過我必須指出，承認這種道德觀，其實也必須接受一無奈的真相：世上總有對道德無感的人，就此我們將再無任何文明的手段可改變對方。

未能以理由證成「為什麼要做好人」固然令人灰心，卻至少為我們上了寶貴一課：人類是理性的動物，但理性由始至終都不是人類生活的全部。道德是選擇要成為怎樣的人，希望過什麼樣的人生。除理由外，更關乎際遇、情感和意志。企圖單純以理性解決「為什麼要做好人」這個人生的重大議題，或許從一開始就只是將人性過度簡化的妄想。

5　Mayberry, Thomas. C. "On 'Why should I be moral?'", pp. 364-366.

6　Mayberry, Thomas. C. "On 'Why should I be moral?'", p. 368.

參考資料：

Nielsen, Kai. "Why should I be moral? Revisited." *American Philosophical Quarterly*, vol. 21, no. 1, 1984, pp. 81-91.

Mayberry, Thomas. C. "On 'Why should I be moral?'" *Canadian Journal of Philosophy*, vol. 8, no. 2, 1978, pp. 361-373.

道德全憑運氣？

　　毫無疑問，人的一生，由始至終都受運氣影響，到底還有沒有事情可以完全自決？不少人相信，道德正是唯一的例外。我們是否一個好人，行動是否合乎道德，只取決於那些自己可以控制的因素，與運氣無關。不過哲學家內格爾（Thomas Nagel）與威廉士（Bernard Williams）早年先後發表了名為「道德運氣」（Moral Luck）的經典文章，挑戰上述想法，認為道德其實無法逃離運氣的擺佈，此說如果成立，將引致難以解決的道德困境，值得我們深思。

　　要了解何謂「道德運氣」，應先從「運氣」的定義談起。運氣於哲學上有各種定義方法，例如從機率、風險、可能世界等概念解釋，本文將採用最接近常識的想法，就是「不能控制的情況」。按此，發生了無法控制的事情，又令人受惠的就是好運，反之則是霉運。其次要說明運氣與道德的關係。普遍直覺認為，人們不需要為自己控制不了的行動及其後果負上道德責任，換言之，道德判斷不應受運氣左右。舉例來說，你在街上被某女士重重踩了一腳，倘若發現此乃她被旁人推撞所致，我們都不會認為該女士缺德，大抵也同意她不必負責。若總結以上道德直覺，可得出兩項原則：

（一）控制不了的行動及其後果，不影響對某人的道德評價。

（二）我們不必為控制不了的行動及其後果負上道德責任。

上述直覺縱然根深蒂固，卻不見得毫無異議。細心一想，生活中很多事情，其實都不由自主，卻又往往影響道德判斷。內格爾舉出了以下的有名例子：兩位醉酒司機，甲和乙，某日於同一時段、同一公路上魯莽駕駛，兩人的汽車都衝上了行人路。司機甲衝入的路段剛好有行人路過，結果撞死了人。司機乙衝上的路段並無行人，是以並無傷亡。[1]就此我們多會嚴厲譴責司機甲是個魯莽駕駛的壞人，他亦須負上誤殺的刑責，而司機乙所受的道德譴責將比甲輕微得多。不過兩人的所作所為其實如出一轍，唯一分別只在於衝上的路段是否有人、結果有沒有撞死人，但這並非他們所能控制，全屬運氣，可見在現實生活中，運氣又確實會影響我們道德上如何評價某人和其責任(明顯與原則(一)和原則(二)衝突)。綜合以上所言，「道德運氣」就是指那些不能控制，卻令道德判斷有所差異的情況。

仔細思考，將發現「道德運氣」的出現，令我們陷入兩難。一方面，直覺認為道德判斷應該只關乎行動者自身的控制範圍，與運氣無關，但在日常的道德評價中，人又總是不自覺地將運氣納入考慮，兩者明顯矛盾。威廉士因

1　Nagel, Thomas. "Moral Luck." *Mortal Questions*. Cambridge University Press, 1979, p. 29.

此認為「道德運氣」是個「矛盾語」（oxymoron），[2]內格爾則把「道德運氣」理解成道德直覺與實際判斷的衝突：當某人的言行很大程度在控制之外，但我們仍然據此評價其道德好壞的情況。[3]而按內格爾的分析，「道德運氣」影響範圍廣泛，概念上可仔細區分為四種，分別着眼於我們是個怎樣的人、身處何種環境、行動受什麼影響，與及行動的後果如何。依次序對應的是構成式運氣（constitutive luck）、處境式運氣（circumstantial luck）、因果式運氣（causal luck），與及結果式運氣（resultant luck）。以下將逐一說明。

先就結果式運氣而言，行動的最終結果如何，每每影響別人對自己的道德評價，但結果是否如願卻總受運氣擺佈。例如革命領袖猶豫應否發動軍事政變，推翻暴政。事成固然可拯救國民於水火之中，失敗卻會引致大量傷亡。僥倖成功的話，他將成為英雄，受萬人景仰。一旦事敗，卻要負上塗炭生靈的惡名與責任。換言之，革命的成敗，將大大左右我們如何評價該領袖的道德性格與責任（即前述的原則（一）和原則（二）），但這很大程度上並非他所能控制，由此引證結果式運氣的影響。[4]

處境式運氣指的是個人身處何種環境，將規限他的行動，從而導致道德評價的差異。內格爾借二戰時期德國的境況為例。任何人如果當時身處德國，都可能會屈服成為

2　Williams, Bernard. "Moral Luck." *Moral Luck*. Cambridge University Press, 1981, p. 20.

3　Nagel, Thomas. "Moral Luck.", p. 26.

4　Nagel, Thomas. "Moral Luck.", p. 30.

納粹黨爪牙，助紂為虐。國民甲正是其中一人，他投身納粹黨，於集中營工作，勞役戰俘。想像他如果幸運地剛巧在戰爭前被公司派往外地工作，便能避過自己淪為納粹幫兇的處境，世人對他的道德判斷無疑亦會截然不同。[5]無奈當時身處何地，甚至是否生為德國人，都是運氣使然，可見處境式運氣的存在，實在難以否認。

　　至此相信不少人會反駁說，道德判斷着眼的是個人內心，即動機以及性格，而不是外在世界發生什麼。成事在天，際遇得失當然有運氣成份，但性格動機則是完全自決的領域，由此將轉入構成式運氣的討論。人的思想性格斷非無中生有，而是由先天的基因與後天的教育和際遇而成，但這些條件皆不是一己所能掌握。比方說，小明之所以成為冷血的虐待動物罪犯，原因是年少時受朋輩的欺凌與父母的漠視，以及沒有適當教育之故。考慮到人的品性往往源自本人不能控制的因素，內格爾認為似乎難以道德譴責因性格而致的惡行。[6]構成式運氣的存在，說明了運氣的影響不僅止於外在條件，更包括人的內在特質。問題在於，如果不只撇開外在的因果與處境的影響，倘若連性格也因運氣的干涉而不應成為評價對象，道德的領域將消失殆盡，無路可退！

　　假如進一步考慮因果式運氣，情況將更為絕望。所有行動必有原因，這些原因又一定由其他前因所致，不斷回

5　　Nagel, Thomas. "Moral Luck.", p. 34.
6　　Nagel, Thomas. "Moral Luck.", pp. 33-34.

溯，絕大部份的前因，都在個人控制範圍之外，亦即受運氣驅使。這是決定論與自由意志的千古辯論，於此難以仔細論述。不過哪怕決定論為錯，人的行動不是被決定，而是隨機發生，道理上也同樣不由個人掌控，因果式運氣依然成立。總而言之，人類的所有內外面向，以至世界發生的一切，最終都逃不出運氣的魔爪。

情況到此可謂一目了然，不論行動的結果、身處什麼環境、甚至乎我們的性格，以至萬事萬物的因果，都免不了受運氣左右。如果堅持道德不涉及運氣，結果只有承認所有的人和事俱無道德可言，此論明顯難以接受；不然就只好接受道德其實難以擺脫運氣，如此又與原先根深蒂固的直覺相左，我們因而陷入了無解的兩難。

倘若「道德運氣」如此真實，為什麼我們仍有那麼強的直覺認為運氣不應與道德掛鈎？內格爾指出，倘若從客觀的角度審視，任何行動，以至於人類自身，確實只不過是依循因果法則運行的事物而已。可是人一旦如此定義自己，我們的主體性與自主性將蕩然無存，淪為與死物無異。[7]如果想保留一片人類能自主自控的領域，道德彷彿就是僅餘的希望。另一方面，威廉士解釋，現實人生有各種不公，人的出身地位、才能都千差萬別，對於不幸的一群人來說，道德成為最後的公義：倘若道德價值全然自決，加上很多人相信道德乃最崇高的價值，結論就是所有人都有平等的機會獲得人生最崇高而重要的成就，這不啻是對

7　Nagel, Thomas. "Moral Luck.", pp. 37-38.

人世間不公的最後慰藉。[8]

　　在我看來，「道德運氣」確實存在，亦不見得全然是件壞事，因為它至少令大家認識到人生的不由自主，遠比所想像要多。由此亦提醒我們塵世間的功過賢愚，往往純屬偶然。一旦明瞭此理，或許可以對好人少一點幻想，對壞人多一些同情，對世界多一分了解，做個更清醒的人。

參考資料：

Nagel, Thomas. "Moral Luck." *Mortal Questions*. Cambridge University Press, 1979, pp. 24-38.

Williams, Bernard. "Moral Luck." *Moral Luck*. Cambridge University Press, 1981, pp. 20-39.

8　Williams, Bernard. "Moral Luck.", p. 21.

痛苦可有意義？

不管承認與否，痛苦都是人生不能逃避的一環。痛苦是如此普遍的狀態，以致我們都以為足夠了解，少有反思。下文將從哲學角度分析痛苦，探討其定義與意義。

提起痛苦，最先浮現於腦海的莫過於身體痛楚而來的折磨。雖然這是最常見的狀況，但我們先要明白痛楚（pain）與痛苦（suffering）的區別與關係。痛楚是肉體的不適感覺；痛苦則屬於心理的負面經驗。痛楚雖常常引致痛苦，可是兩者關係並非必然。如果我不小心踩上釘子，當然痛楚難當，卻未能算是痛苦；而劇烈運動過後的肌肉痛楚，甚至會令人暢快。另一方面，焦慮或抑鬱等痛苦的心理狀態，也可以完全不涉及痛楚。由此結論有二：首先，痛楚與痛苦雖相關而不等同，不應混淆。再者，痛苦的重點是心理狀態，是自我對某種狀況的負面感受，而並非單純的身體反應。按此，一般人常說的「肉體痛苦」（physical suffering）或許是個不太準確的描述，因為所有的痛苦最終都只是「精神痛苦」（mental suffering）而已。不過，倘若將目光集中於痛苦的基礎，則肉體與精神的確是兩種不同的痛苦來源與表徵，是以為方便表述，下文將沿用「肉體痛苦」與「精神痛苦」的區分。

關於痛苦，哲學家布雷迪（Michael Brady）曾為痛苦訂立

比較精確的定義：[1]

（一）痛苦是一些不愉快的感覺或經驗；

（二）我們有意慾（desire）令此等不愉快的感覺或經驗不要出現。

這個定義的關鍵在於視痛苦為一種「感覺＋意慾」的雙重結構。痛苦就是某人遇到不愉快的感覺或經驗（例如痛楚或失望），同時意慾消除這種感覺。如果僅只是前者，而其本人不介意，例如當某人受到體罰，卻自認為這是應有的補償方式的話，他就不會覺得痛苦。布雷迪這定義看來頗能把握痛苦的內涵，特別是肉體痛苦的狀態。雖然如此，學者侯佩寧（Antti Kauppinen）卻指出這個定義過於內在中心（inwardly focused），只着眼於「感覺＋意慾」此等心理狀態而無視痛苦的外在因素。反之，更準確的定義應該是世界導向（world-directed），如此才能夠全面捕捉「精神痛苦」的本質。侯佩寧以「悲傷」這種精神痛苦為例：某母親因喪子而異常悲痛（符合布雷迪的定義一），可是卻完全不希望悲傷停止（不符合布雷迪的定義二），因為她認為這是她愛子之情的必然反應，無動於衷反倒是冷血而不恰當。也就是說，她意慾拒絕的不是自己的悲傷感受，而是外在世界的狀態——兒子死去的事實。侯佩寧因此認為痛苦是指向世界的，所謂的痛苦，除了不愉快的感覺或經驗外，還有對自己這種狀態與其原因（世界的現實）不似預期，卻又無力改變的抗拒。正是這種對當下困境的無力與遺憾，造就

1　Brady, Michael. S. *Suffering and Virtue*. Oxford University Press, 2018, p. 29.

痛苦的誕生。[2]

　　明白基本定義後，接下將討論痛苦的意義。人們總愛說，痛苦可令人成長或覺醒，因此是寶貴的人生經驗。哲學家卡雷爾（Havi Carel）與基德（Ian James Kidd）兩人認為，痛苦的獨特結構，可以轉化人生，帶來新的知識與德性，促使我們成為更好的人，此說可再細分為知識轉化（epistemically transformative）與個人轉化（personally transformative）兩大類別。[3]知識轉化的意思是指痛苦可令我們真正明瞭過往無法掌握的知識。例如人在患上重病之後，才懂得自己身體的極限，與及體會社會對病者的歧視目光。依靠觀察和想像，譬如看到重病親友的狀況，或許可有些許了解，但終究只是旁觀考察，不足以令人真切感受到苦難降臨到自己身上時，是怎樣的一回事。畢竟某些知識其實只能體證，在親身經歷過前，無法得知，痛苦就是獲得此等知識的唯一契機。

　　除知識的轉化外，痛苦更有個人轉化（personally transformative）的作用。痛苦經常會改變人的價值觀、世界觀與身份認同。以近年香港人的遭遇為例，不少人因社會運動與現實的殘酷，感到極大痛苦，但同時也對自身價值觀，例如公義與個人利益的取捨，或身份認同等等，有翻天覆地的改變，徹底變成了從此再不一樣的「另一個人」。

2　Kauppinen, Antti. "The world according to suffering." *Philosophy of Suffering - Metaphysics, Values and Normativity*, edited by Bain, David., Brady, Michael., and Corns, Jennifer., Routledge, Taylor & Francis Group, 2020, p. 22.

3　Carel, H., and Kidd, I.J. "Suffering as transformative experience." *Philosophy of Suffering - Metaphysics, Values and Normativity*, edited by Bain, David., Brady, Michael., and Corns, Jennifer., Routledge, Taylor & Francis Group, 2020, p. 166.

雖然痛苦可轉化人生，不過必須留意，轉化是中性描述，結果可有好有壞。現實的折磨固然有機會叫人反思，覺醒重生；但也可令人放棄自我，一蹶不振。於此我們無意歌頌痛苦，把痛苦浪漫化，變成失控盲目的正向思維；只是也不應漠視痛苦亦可有正面轉化作用，過猶不及，僅此而已。

　　以上的分析集中於概念層次的探究，但討論痛苦的面向不限於此。若參考存在主義或現象學的角度，着眼痛苦於實存狀態中的展現，理解將截然不同。舉例來說，學者懷特(Richard White)援引哲學家列維納斯(Emmanuel Lévinas)的著作，指出「痛楚」才是痛苦最基礎而重要的模式。為什麼呢？從日常語言角度觀察，即使是精神痛苦，我們亦習慣以肉體痛楚的相關狀態來描述，「心急如焚」、「痛心疾首」都是明顯的例子。因此，肉體痛楚才是理解痛苦的關鍵，也是痛苦的根本形態，[4]這與方才心理式的痛苦觀，立場大異其趣。此外，痛苦之於人生，甚至與死亡關係密切。極端的痛苦足以摧毀人的意志與一切生活意義，取消人的自主性，想像末期病患者知道自己步向死亡而意志消沉的慘況，便可明白此言非虛。在這意義下，痛苦與死亡都是自我主宰的終結，個人意志的毀滅。[5]

　　痛苦總是不可預測、不請自來、不能逃避。在痛苦面

4　White, Richard. "Levinas, the philosophy of suffering, and the ethics of compassion." *Heythrop Journal*, vol. 53, no. 1, 2012, p. 113.

5　White, Richard. "Levinas, the philosophy of suffering, and the ethics of compassion.", p. 114.

前我們身體不適、情緒失控、無法思考。痛苦打破了我們的人生迷思——那種以為生命掌握在手，相信理性可以完全主宰自身軌跡的想法，或多或少只是傲慢和無知。痛苦提醒人類這種肉身與情緒的存在物，其實是何等脆弱和渺小，被命運播弄而不自知。由此觀之，未能明白痛苦，必不了解人生。

參考資料：

Brady, Michael. S. *Suffering and Virtue*. Oxford University Press, 2018.

Carel, H., and Kidd, I.J. "Suffering as transformative experience." *Philosophy of Suffering - Metaphysics, Values and Normativity*, edited by Bain, David., Brady, Michael., and Corns, Jennifer., Routledge, Taylor & Francis Group, 2020, pp. 165-179.

Kauppinen, Antti. "The world according to suffering." *Philosophy of Suffering - Metaphysics, Values and Normativity*, edited by Bain, David., Brady, Michael., and Corns, Jennifer., Routledge, Taylor & Francis Group, 2020, pp. 19-36.

White, Richard. "Levinas, the philosophy of suffering, and the ethics of compassion." *Heythrop Journal*, vol. 53, no. 1, 2012, pp. 111–123.

逃離人類荒謬？

　　面對世事無常，命運播弄，人們常常會感到無力，彷彿所有事情都徒勞而毫無意義，荒謬感亦油然而生。「人生是荒謬的」或許是個難以否認的判斷，但到底荒謬因何而生，又是否無路可逃？

　　認為人生荒謬的原因林林總總，哲學家內格爾(Thomas Nagel)卻相信大部份都站不住腳，以下是某些典型的論調：第一種想法認為現世任何重要活動與成就，百萬年後都會變得毫無份量(insignificant)，無關痛癢，可見人生徒勞而荒謬。誠然，任何事情不論在現世有多大影響，一百萬年後大概都不再重要。不過，倘若一件事「現在」很重要，不足以令它「一百萬年後」變得重要，那為何這件事在「一百萬年後」不重要，會使它於「現在」變得不重要(或重要)？從「現在」向「一百萬年後」看，或從「一百萬年後」往「現在」回望，兩者同樣相距一百萬年罷了！因此內格爾批評這種推論其實並不一致。

　　第二種意見則感嘆我們的人生，只是宇宙中的一顆微塵，時間洪流中的一剎那，從宇宙的觀點看，人類根本微不足道。對此內格爾反駁說，倘若人生本身就是荒謬，難道我們的身體變得如銀河系一般龐大，又或人類能長活萬年，就會重要而不荒謬嗎？廢物即使變得再大，活得再

久，也只是大而無當，老而不死的垃圾而已。人生是否荒謬，其實與體積或壽命長短並無直接關係。

最後也有論者說，由於人難免一死，故此人生所有活動的理由最終只會落空。試想想，我們讀書是為了工作，工作旨在金錢，金錢則為求生存，但既然人總有一死，那麼當初努力讀書、工作、生存的理由終必歸零。死亡令整個理由解釋鏈中斷，所有事情似乎將變得難以說明，沒有價值。可是細心反省，此說預設了事物的價值，必須要以其他東西證明。內格爾卻指出，理由解釋鏈終須停止，否認只會無窮後退。再者，並不是所有活動都需要其他理由支持，全因人生中很多事情有其內在價值。例如頭痛欲裂的時候，吃藥止痛這行為本身就足以證明自己為何如此。綜合以上所言，足見不少斷言人生荒謬的想法其實都難以成立。[1]

剛才談到人的生命是否具份量或微不足道，因而毫無價值，甚至於荒謬，就此需要釐清一些重要概念。哲學家卡漢 (Guy Kahane) 明確指出，某事情是否具份量，與有否價值，兩者概念上相關但不等同。具份量的東西都有價值，可是反之不然。好些事情雖然有一定價值，卻不見得具份量，日常的娛樂活動就是最佳例子，原因在於事情要稱得上具份量，必須是重要，能產生實在變化 (make a real difference)。當我們說人類的活動相較於宇宙整體來說並無

1　Nagel, Thomas. "The Absurd." *Mortal Questions*, Cambridge University Press, 1979, p. 9.

任何份量時，充其量只代表對宇宙整體影響甚微，卻不因此等於人生毫無價值。[2]

細心的讀者定必發現，方才的討論只着眼於人生的言行是否重要，或有沒有意義，可是即使是無意義的活動，卻不必然荒謬。例如日常與朋友說說廢話，大概沒什麼意義，但亦談不上荒謬吧。然則荒謬的確切定義若何？一般來說，荒謬源於「現實與理想的顯著落差」，[3]好像你預備了一份激動人心的演詞，打算說服組織成員支持自己的議案，演說完畢才發現動議早已通過。又譬如你透過電話向暗戀對象表白，鼓起勇氣將積壓多年的愛意傾瀉而出，事後發現接聽的只是電話錄音。[4]不過在我看來，上述定義仍未能充分把握荒謬的本質。僅僅「現實與理想的顯著落差」不必然構成荒謬。比方說，你在毫無準備之下應考，結果意外獲得好成績。這種顯著落差大概只會令你喜出望外，而非荒謬感慨。是以我相信荒謬的關鍵除現實與理想的顯著落差外，還要伴隨一種被擺佈的無力感，就好像上文電話錄音示愛的例子一般。

不過就算經以上修訂，這種對荒謬的定義，解釋力仍然有限，未能完全解釋為何人生整體必然荒謬。試想想，方才的例子都只屬短暫的荒謬時刻，但偶爾身陷荒謬的境況，不見得人生全屬荒謬。再者，這種荒謬理論上可以避免，只要修正自己的期望，又或找出方法改變現況便可。

2　Kahane, Guy. "Our Cosmic Insignificance." *Noûs*, vol. 47, no. 2, 2013, p. 749.

3　Nagel, Thomas. "The Absurd.", p. 13.

4　Ibid.

即使無法達致兩者，也可以選擇抽身而退，所以它難以證明人生荒謬之必然。由此，或許可參考內格爾對荒謬的真正想法。他認為荒謬並不是外在世界與內在思想的差異或衝突，而是人類兩種內在觀點角力下的結果，這兩種觀點可稱之為「認真生活」與「抽離反省」。[5]

所謂的「認真生活」，是指生而為人，不管你過的是怎樣的人生，都必須花費心力為生活籌謀。小至今天晚飯吃什麼，大如投身哪份工作、是否移民等等，無一不需要投注身心認真對待。另一方面，人類除專注於追逐眼前生活外，亦有退後一步，抽離自身立場，重新審視自己的看法，甚至從他人以至永恆的角度(sub specie aetemitatis)看事情的能力，也就是「抽離反省」。這種能力驅使我們反省與懷疑當下生活的一切，質問其必要與意義。內格爾一再強調，並不是「抽離反省」令人找不到事情的理由，而使人生荒謬。這種「必須要為事情找出其他理由支持」的想法在文章開端已被反駁。「抽離反省」導致荒謬的關鍵在於它令我們發現人生所有活動，哪怕有其道理，終究都是隨意與偶然的結果。[6]我相信此處的「隨意與偶然」可分三個層次解釋。想像你是位獻身足球事業的運動員，從中找到人生價值與意義，但是稍經反省便會發現：第一，足球運動的重要性只屬偶然，二百年前才沒有人在乎足球的興衰。第二，你之所以如此熱衷於足球，也只是偶然機遇下的結

5　Ibid.
6　Nagel, Thomas. "The Absurd.", p. 15.

果。最後，從宏觀的角度看，足球運動對人類或宇宙來說根本微不足道。故此荒謬不在於找不到理由，而是人生偶然、隨意的本質。

明白到「認真生活」與「抽離反省」的意思後，便可以真正了解何謂荒謬。荒謬的根源並非在於世界，而是人類自身兩種觀點的張力：所有人一方面必須認真生活，但也有退後一步，詰問一切的反省能力，由此將發現原先看起來理所當然的活動與目標，其實都不過是隨意與偶然。一旦如此，便再難一如以往投入生活。可是就算明知當下追求的一切都屬任意與可被懷疑，我們卻仍然不得不無視這些疑問，恍如若無其事地繼續認真對待人生。正是這種精神分裂式的無奈和掙扎，構成人生整體的荒謬處境。[7]

既然荒謬源於兩種觀點的張力，解決方法似乎就是放棄其一，內格爾卻相信難以做到。首先，除非死亡，否則人不能不認真生活。或許有人會說，我崇尚「躺平主義」，無慾無求，那就無所謂「認真生活」，可惜這種回覆誤解了「認真生活」的意思。要知道「躺平」終究也是認真思考下的決定，而且「躺平」後人生還得繼續，每天仍要花費心力應付各種生活決定。另一方面，「抽離反省」是人類與生俱來的能力，除非腦部受損，否則根本無法放棄。即使刻意不作反省亦無濟於事，因為有意識地拒絕反省，其實已屬反省的一種。[8]由此可見，這兩種觀點實在難以割捨，

7　Nagel, Thomas. "The Absurd.", p. 14.
8　Nagel, Thomas. "The Absurd.", p. 21.

荒謬無疑是人類註定的命運，不能擺脫的詛咒。

倘若荒謬不能逃離，該如何是好？卡謬堅稱我們應該
勇敢面對命運，對抗荒謬。內格爾卻認為，如果從永恆的
角度看，世上所有事情都不重要的話，那麼「世上所有事
情都不重要」此事其實也不重要，所以亦無須庸人自擾。
與其煞有介事，自以為是地扮演英雄反抗，倒不如以嘲諷
的態度一笑置之。那麼面對荒謬的人生，到底應選擇內格
爾還是卡謬式的態度？就留待大家思考。

參考資料：

Gordon, Jeffrey. "Nagel or Camus on the Absurd?" *Philosophy and Phenomenological Research*, vol. 45, no. 1, 1984, pp. 15-28.

Kahane, Guy. "Our Cosmic Insignificance." *Noûs*, vol. 47, no. 2, 2013, pp. 745-772.

Nagel, Thomas. "The Absurd." *Mortal Questions*, Cambridge University Press, 1979, pp. 11-23.

我們只是缸中之腦？

　　懷疑主義(Skepticism)可說是哲學史上其中一個最常討論與廣為人知的課題。從哲學家笛卡兒(Rene Descartes)的魔鬼論證，到電影《駭客任務》(*The Matrix*)的虛擬世界，懷疑主義在各個時代都會改頭換面地出現，質疑我們的信念是否真實，甚或外在世界是否存在。哲學家普特南(Hilary Putnam)承襲此思路，在《理性、真理與歷史》(*Reason, Truth, and History*)一書中問了一個匪夷所思的問題：我們會否只是一具被接駁到超級電腦上，活在虛擬世界中而不自知的缸中之腦(brain in a vat)？本文將介紹這個有趣的思想實驗。

　　先交代一些細節，首先，以下討論將只限於特定的懷疑主義——局部懷疑主義(local skepticism)。這種懷疑主義承認有所謂知識、真理和真實世界的存在，只不過無從知悉。再者，我們相信「觀念世界」(notional world)與「真實世界」(real world)兩者是獨立而不必互相依靠的存在。缸中之腦正是根據上述想法的懷疑主義：假設我們其實沒有身體，只是一具大腦，被真實世界的邪惡科學家連接到超級電腦上，在虛擬世界中不自知地過着缸中之腦的生活。我們一切體驗和感覺，都只是電腦刺激神經的結果。[1]缸中

1　Putnam, Hilary. *Reason, Truth, and History*. Cambridge University Press, 1981, p. 5.

之腦並沒有真實世界的體驗，我們看得到的風景或觸得到的花朵，都不是真實世界的風景與花朵（真實世界是邪惡科學家所處身的世界）。在這種情況下，當我們說前面有一朵花，實際的意義並不是面前真的有一朵花（的確，我們泡在大缸中的腦袋面前是沒有花朵）；而是說在想像的空間裏出現了花朵的影像。以上的想法建基於普特南的一套指稱論（theory of reference）。

簡略而言，普特南相信語言使用者只能夠指稱與之有正確因果關係的對象，由於「花朵」這個概念對於作為缸中之腦的我們來說，是經電腦模擬，而非真實花朵而生，是以其指稱的只能是電腦模擬的花朵影像，而並非現實世界中的花朵。進一步來說，缸中之腦所用的「花朵」概念或「花朵」這一個詞彙，與邪惡科學家所用的「花朵」概念，內涵意義並不相同，也無必然的關係。

大家可以想像，假如我們根本就是缸中之腦，所「見」所「感」都不過是想像世界的事物，即使這個想像世界和現實世界差異極大，缸中之腦亦不會覺察得到。就算在缸中之腦的世界中，「上」、「下」、「左」、「右」這四個概念與真實世界剛剛相反，卻仍然無損缸中之腦的世界中的概念融貫性。缸中之腦在想像世界仍然可以合理使用「上」、「下」、「左」、「右」而生活上沒有困難。可是在邪惡科學家的眼中，這個信念體系卻是錯的。因為它與真正的信念體系（即邪惡科學家處身之真實世界的信念體系）並不符合。據此引申，不管我們的信念體系是多融貫及有效，仍然

可能為假，真實世界最終可能不是我們所相信的那個樣子，由此顯示，我們無法完全證實自己不是缸中之腦。

　　普特南在提出缸中之腦的可能後，轉而指出我們根本不能想像「我們是缸中之腦」此說話為真，因為它必然自我推翻。按方才普特南的指稱論，當缸中之腦說「我是缸中之腦」時，實質上表達的意思只能夠是「我是想像世界中的缸中之腦」。而假定我真是邪惡科學家的實驗品，那就代表我是「真實世界的缸中之腦」，而不是「想像世界中的缸中之腦」。可是當作為缸中之腦的我們說「我是缸中之腦」，並不能表達出我們是作為「真實世界中的缸中之腦」，而僅只是表達了我們是「想像世界中的缸中之腦」。於是當我真的是缸中之腦，而又說「我們是缸中之腦」是真的時，「我們是缸中之腦」這句說話便是假的——由此普特南證明了「我們是缸中之腦」這命題自我推翻。[2]

　　普特南的反駁看起來非常聰明，亦曾引起學界的一番討論。在此不妨先重新審視缸中之腦的論證結構。首先，必須再次強調，那就是作為缸中之腦與非缸中之腦所用的語言是有分別的（上文已經談及其分別）。當我不是缸中之腦時，所說的是指稱現實世界的語言（簡稱R），而當我是缸中之腦時，所說的則是指稱想像世界的語言（簡稱V）。按此借用哲學家佛萊（Gabor Forrai）的分析，重構普特南的論證如下：[3]

2　Putnam, Hilary. *Reason, Truth, and History*, pp. 5-17.

3　Forrai, Gabor. *Reference, Truth and Conceptual Schemes - A Defense of Internal Realism*. Kluwer Academic Publishers, 2001, p. 103.

（P1）我們是缸中之腦（說的語言就是V）或不是缸中之腦
　　　（說的語言就是R）。

（P2）如果我們不是缸中之腦（說R），則「我們是缸中之
　　　腦」這句說話（簡稱R1）是假的。

（P3）如果我們是缸中之腦（說V），則「我們是缸中之
　　　腦」這句說話（簡稱V1）是假的。

（C）「我們是缸中之腦」這句說話是假的。

前題（P1）與（P2）都明白不過，沒有任何歧義。但誠如
佛萊所言，整個論證最重要的部份是（P3）和（C）。佛萊的
質疑如下：我們知道（P2）指出（R1）為假；（P3）指出（V1）為
假，但到底（C）所指的是（R1）還是（V1）呢？從（P2），（P3）
並不能共同推導出同一結論。首先，整個論證所希望建立
的結論是我們現實上不是缸中之腦（也即是R1是假）。普特
南於此試圖指出我們不可能同時是缸中之腦並且正確地說
出R1為真。是以我們所預期的結論其實是關於R1的真假
值——證明我們不是「真實世界」的缸中之腦。運用歸謬
法，先假設R1為真，我們真的是缸中之腦，那麼說的語言
便是V，由此正如P3所指我們所說的「缸中之腦句子」只
會是V1（即「我是想像世界中的缸中之腦」），而（C）所指的
亦只可能是V1。就如上文所述，普特南正確地說明了V1在
（P3）的情況下為假，亦因此（C）是真，但這並不是我們要求
的結論！因為V1不可能為真與R1的真假值沒有關係，從V1
為假根本不能直接推論出R1的真假，進一步而言，即使R1
為真也不會與V1為假這結論衝突。換句話說，普特南並沒

有證明我們不是「真實世界」中的缸中之腦，他只證明了我們不是「想像世界」中的缸中之腦。[4]

討論至此或許令人沮喪，難道我們真的無法抹殺自己是缸中之腦的可能嗎？在電影《駭客任務》中，有些人安於活在虛擬世界，也有人拼命要回到真實世界。我們沒有莫斐斯（Morpheus）的紅色藥丸，無法確切知道真相到底是什麼，但也許哲學的懷疑，縱然帶來再多的不確定，再令人不安，仍然比安於現況的無知要好。

參考資料：

Forrai, Gabor. *Reference, Truth and Conceptual Schemes - A Defense of Internal Realism.* Kluwer Academic Publishers, 2001.

Putnam, Hilary. *Reason, Truth, and History.* Cambridge University Press, 1981.

4　Forrai, Gabor. *Reference, Truth and Conceptual Schemes - A Defense of Internal Realism*, p. 104.

未來

不環保的偽善？

　　縱使保護環境已是難以反對的主張，但真正能夠身體力行的人卻寥寥無幾。反對者常說，雖然人類整體有責任減低污染，守護地球，然而除非大家同心協力，否則個人污染量的多寡對環保事業的影響其實微乎其微，所以自己並無責任做吃力不討好的事。遇上這種説法，我們大概會批評其言行不一，自私自利，甚至偽善。然而果真如此？哲學家莊臣（Baylor L. Johnson）就認為，我們在個人層面的確並無環保的責任，下文將介紹與回應這種想法。

　　要了解莊臣的論點，需要從經濟學與社會學上所謂「共有財悲劇」（Tragedy of the Commons）一説談起。共有財（Commons）泛指所有公共而有限的資源，例如水源、空氣、天然能源等等會因集體使用或污染過度而損耗甚至消失的資源。「共有財悲劇」説明的是有限的公共資源，註定因群體濫用，最終共同受損的結局，生態學家哈丁（Garrett Hardin）對此有一簡要的描述：[1]一群牧羊人在公共草地上謀生，每人都想追求最大利潤。某牧羊人有天決定大量放牧，縱使他知道過度放牧，草地會承受不住，卻仍然一意孤行，並因此大大獲利。其他牧羊人有見及此，紛紛仿

1　Hardin, Garrett. "The Tragedy of the Commons." *Science*, vol. 162, 1968, pp. 1243-1248.

傲，最後草地耗竭，畜牧維生無以為繼，所有人受損，悲劇收場。

莊臣相信，現存的環保議題，很多都有着「共有財悲劇」的結構，例如個人的碳排放，或者工廠的污染物處理等等。根據莊臣分析，「共有財悲劇」的出現，主要前設如下：第一，參與者只關心自己的利益。第二，所有人只能以增加或減少使用共有財來溝通。第三，就個人而言，參與者因減少使用共有財的損失需獨力承擔，得益卻要和全體共享；反之，增加使用共有財的得益可由一己獨佔，損害卻有他人分擔。[2]

論者或會反駁，實際情況根本與上述前設相去甚遠。首先，現實世界不會如前設一所言，人人僅依自利原則行事。可是莊臣認為前設一仍然大體上準確，尤其當耗用共有財的利益甚豐，而成本卻不確定或很久才出現，甚至只由其他國家和下一代承擔時，則自利的動機將變得非常直接有力。針對前設二，莊臣亦相信大致合理，因為環保涉及整個國家，以至全球人類的合作，現實上彼此難以溝通，目前亦無有效的組織足以統籌各單位，協調行事。最後，前設三也不見得為錯，現實中人們對公共資源的使用，例如空氣、水源、電力等，利益都歸於個人，但破壞環境的惡果則共同承擔。綜合以上各點，可見涉及運用公共資源的環境問題，的確與「共有財悲劇」的狀況雷同。

---

2   Johnson, Baylor.L. "Ethical Obligations in a Tragedy of the Commons." *Environmental Values*, vol. 12, no. 3, 2003, p. 275.

當身處「共有財悲劇」，一般來說，很多人都深信個人有道德責任規限自己的行為，不管其他人事實上是否跟從，我們也理應盡一己綿力，減低耗用和污染，直至環境達致可平穩持續發展的水平。這種義務論式的思維，重視責任的履行而非結果。對此莊臣指出，人們的確有責任促成有效的集體行動模式，同心協力解決問題，卻認為個人根本沒有道德責任限制自己使用共有財，其原因有二：

首先在「共有財悲劇」結構下，個人的單邊行動（unilateral action），根本難以達致環保的目標。再者，個體增加使用共有財其實不足以損害資源或環境，因此亦無責任必須遵從。[3]為什麼說單邊行動無法成功？如果方才的三個前設成立，那麼在缺乏溝通與組織的協調下，人們將發現即使守規矩，也只會使自己受損，而令其他違規者得益。當每個人在思考如何行動時，清楚彼此皆明白這個情況的話，權衡利弊後，當然是所有人都增加而不是減少資源的使用，環保的目標自然無法達致，只能走向「共有財悲劇」的結局。

另一方面，為什麼說單邊行動根本不會造成傷害？就此讓我改寫哲學家卡根（Shelly Kagan）的例子說明：[4]個人可以選擇減碳生活，例如放棄駕車，代價是生活沒那麼方便，但可令社區的空氣質素更好。假設空氣懸浮微粒濃度數值要達致每平方米1,500粒才會影響視線和健康，而使用汽車

3　Johnson, Baylor.L. "Ethical Obligations in a Tragedy of the Commons.", p. 277.

4　Kagan, Shelly. "Do I Make a Difference?" *Philosophy & Public Affairs*, vol. 39, no. 2, 2011, pp. 108-110.

代步的碳排放為1。在此情況下，若果現存懸浮粒子量是700，由於你的行動只會令粒子值加或減一，則不管700（現在有駕車）還是699（放棄駕車700-1），空氣仍屬無害。反之，如果數值已經是1,800，那麼無論你是否駕駛，數值也只會是1,800或1,799之別，依然扭轉不了空氣有害物質超標的狀況。由此看來，傷害只有在群體共同增加損耗才發生，個人的碳排放本身並無壞處，故此亦沒有道德責任。

在我看來，單邊行動難以成功的論點的確合理，不過說個人耗用並無傷害，因而沒有責任，似乎值得商榷。於此可以再次借用卡根的分析來思考。他認為在集體行動中，個人的影響與責任的關係可細分為兩大類：[5]難以察覺的狀況（imperceptible difference cases）與觸發點狀況（triggering cases）。以方才懸浮粒子的例子說明，難以察覺的狀況指的是縱使一個人的行動確實影響了空氣懸浮微粒濃度數值，但由於其改變微小得難以察覺，不會令空氣質素變得有害或無害，所以道德上並無分別（責任亦然），可是實況並非必然如此。在集體行動中，雖然個別行為的影響難以察覺，道德上並無差別，但總會有某個行動成為觸發點，令情況轉差，從而道德上出現重大差異，這就是所謂觸發點狀況。按上例，一旦粒子累積至臨界點（即濃度數值達1,499時），下一個行動就是令空氣由無害變為有害的轉捩點，需負上道德責任。如果這個描述正確，則縱使成為觸發點的機會再低，但亦不能理所當然地說自己的行動必然毫無影

---

5 Kagan, Shelly. "Do I Make a Difference?", pp. 117-119.

響與責任。更重要的是，個人的微小污染，不管屬於觸發點狀況與否，最終也會累積並轉化成為整體損害的一環，故此毫無影響與責任一說，終究與事實不符。

以上討論全都建基於個人層面的思維，針對的則是結果的好壞，可是道德的考慮絕不僅止於這兩點。哲學家霍德奎恩（Marion Hourdequin）就嘗試從其他角度反對莊臣，其方向有二：[6]首先，他指出整全性（integrity）是道德上的重要考慮，足以使人規範自己。所謂整全性，簡單而言就是言行一致的自我要求。霍德奎恩說，既然大家（包括莊臣）都不會否認我們有集體責任共同保護環境，那麼從人的整全性着眼，當然也有責任限制自身的行動，為什麼呢？消極地看，這是避免自己淪為言行不一的偽善之徒；正面而論，如果你真心相信自己的理念正確，那麼除非有特別原因，否則理應在生活各方面都貫徹而行。霍德奎恩第二個回應則是反對「共有財悲劇」的基本設定。他認為個人與群體的行動並非，亦不應截然二分。如果只把自己看成與他人各自為政的個體，溝通與合作當然困難。就算有其他外力或條件促成合作，都只會是不穩定、難以持續的關係，結果失敗多於成功，但我們其實不必然如此看待，篇幅所限，詳細的論點可參考他的文章。

總結而言，支持環保與否，最終端視乎我們如何理解個人與社會、世界的關係，以及相關責任的界限。從時間

6　Hourdequin, Marion. "Climate, Collective Action and Individual Ethical Obligations." *Environmental Values*, vol. 19, no. 4, 2010, pp. 447-455.

維度觀之，環境保護除了影響現在，更關乎未來全地球生命的福祉，絕對是所有人無法置身事外的共業。

參考資料：

Hardin, Garrett. "The Tragedy of the Commons." *Science*, vol. 162, 1968, pp. 1243-1248.

Hourdequin, Marion. "Climate, Collective Action and Individual Ethical Obligations." *Environmental Values*, vol. 19, no. 4, 2010, pp. 443-464.

Johnson, Baylor.L. "Ethical Obligations in a Tragedy of the Commons." *Environmental Values*, vol. 12, no. 3, 2003, pp. 271-287.

Kagan, Shelly. "Do I Make a Difference?" *Philosophy & Public Affairs*, vol. 39, no. 2, 2011, pp. 105-141.

動物變公民？

近日香港政府撲殺野豬，與馬匹在賽馬期間意外骨折而遭「人道毀滅」等事件，引起社會激烈討論。到底我們對動物有何責任？人與動物應該如何共存？就此哲學家金利卡（Will Kymlicka）與唐納森（Sue Donaldson）提出大膽的建議，認為動物在政治上應享有公民身份（Citizenship），以保障其權益。此說如果成立，勢必重塑現今的社會結構，值得探討。

隨着近年人們動物保護（簡稱動保）意識的提升，反對動物權益者已成少數，可是卻鮮有論者提出具體建議，解釋人類與各種動物的關係應當如何區分和處理。由此金利卡相信，動保運動的當務之急，就是提出新的理論，說明人與動物應該如何於社會上合作共存，這無疑由道德哲學的探究，延伸至政治理論的闡述和實踐。他認為透過既有的主權和公民權等政治理論，將可以更好地解釋人類與各種動物的關係，以及相應的權利。金利卡仔細地將動物分為三大類別：馴化動物（Domesticated animals）、城際野生動物（Liminal animals）與及野生動物（Wild animals），按其特性，政治上應該各自有相應的安排：[1]

1　Kymlicka, Will., and Donaldson, Sue . "Animals and the Frontiers of Citizenship." *Oxford Journal of Legal Studies*, vol. 34, no. 2, 2014, pp. 202-203.

「馴化動物」：理應被視為人類社會共同生活與合作的一分子，從而享有相應的權利。在政治哲學上會以「公民權」（Citizenship）來描述這種社會成員的身份與權利。因此應該以公民理論來描述對馴化動物的義務。

「城際野生動物」（居於人類社群可是沒有被馴化的動物，比方說在城市中生活的老鼠、野豬、鴿子等）：應被視為擁有居住權卻沒有參與人類社會合作的成員。在政治哲學上會以「居住權」（Denizenship）來描述這種身份。因此應該以居住權理論來說明對城際野生動物的義務。

「野生動物」：活躍於人類的居所之外，有其既有的生活領域與領土內的自由。在政治哲學上習慣以「主權」（Sovereignty）這概念來闡述這種狀況。因此應該以主權理論來描述對野生動物的義務。

觀乎上述三者，賦予馴化動物公民身份無疑對社會影響最為深遠。金利卡相信，公民身份能給予馴化動物應有的待遇，而此乃社會公義的道德要求。下文將集中討論此點，看看到底有什麼理由讓馴化動物變成公民。

要解釋「動物公民」的理據，有兩大問題需要回應，分別是「公民」概念該如何理解，與及為什麼馴化動物必須賦予公民身份來保護。就第一點而言，「公民」這個概念在政治哲學上有很複雜的討論，但最概括的定義是指國家或社會承認的合法成員，彼此有着平等而合作的關係，亦有相應的權利和義務。一般來說，只有「政治主體」

(Political Agency)才可成為公民,即公民只限於那些擁有主動參與政治能力(例如表達政治意向或參與政策和法律討論)的成員。另一方面,為什麼馴化動物理應成為公民?這就與其源起有關。馴化動物與其他動物最大的分別,在於牠們是由人類掌控繁殖、馴養,演變而成的物種。馴化動物在人類飼養的過程漸漸失去了自我覓食與野外求生的能力,變成必須依賴人類才能生存。我們蓄意將之引進人類社會,強迫其成為社會的一員,目的僅僅在於服務人類。更重要的是,現今絕大部份馴化動物都受人類奴役,生活苦不堪言。既然如此,按社會公義的原則,我們當然有義務捍衛其基本權利,赤裸一點來說,此之謂贖罪。不過要達成這個目標,哲學主張始終只屬紙上談兵,還要在現實政治上承認其地位,給予法律保障,才能真正有所成效。綜上所言,賦予牠們公民身份是最直接有力的保護,亦是人類應有之義,絕非對動物的恩賜。

「動物公民」自提出以來,一直備受質疑。大量反對者認為,要提升動物權益,提倡動物公民極可能矯枉過正,適得其反。篇幅所限,以下只能枚舉數點討論。

其一,即使動物公民原則上合理,具體卻難以實行。要知道公民身份包含一系列的權利與義務,一般認為只有「政治主體」才能夠參與。比方說公民有投票權,但我們大抵不會認為貓狗有能力成為選民投票。換言之,動物並無履行(大部份)公民責任的能力,也缺乏理解權利與責任的智能,因此並非「政治主體」,不足以成為公民。金利卡對

此有幾點回應，首先他反對將「政治主體」與「公民」劃上等號。如果「政治主體」的意思是指主動參與政治的能力，則它絕不應該是公民身份的必要條件，否則勢必令很多人失卻公民資格。譬如小孩與智障人士，或腦退化的長者，同樣沒有主動參與政治的能力，但我們不會亦不應僅僅因此而剝奪其公民身份。[2]再者，除參與政治的能力外，「公民」還包括責任、貢獻與合作等元素，馴化動物在這些項目中都早已佔一席位。[3]好像牛和馬，千百年來一直都是人類重要的勞動力，貢獻社會良多。此外動物亦可接受訓練而遵循社會規範，與人類互相理解和合作（例如狗）。是以金利卡強調，縱使動物公民在具體內容上與傳統的公民理論有異，但我們應該要做的是革新概念，而不是因循守舊的排他。

動物公民的主軸之一，乃是基於公義的考慮，理應視馴化動物為公民。哲學家馬克斯（Johannes Marx）與蒂芬瑟（Christine Tiefensee）卻反其道而行，指出賦予動物公民身份，反倒是不公義之舉。[4]為什麼呢？正如前文所述，「公民」包括一系列的責任與權利，而這些元素其實與道德概念有密切關係，譬如懲罰、責備與內疚。按常理公民有守法義務，如果市民蓄意傷害他人，會被道德譴責和受法律

---

2 Kymlicka, Will., and Donaldson, Sue. *Zoopolis - A Political Theory of Animal Rights*. Oxford University Press, 2011, pp. 56-58.

3 Kymlicka, Will., and Donaldson, Sue. "Animals and the Frontiers of Citizenship.", pp. 206-207.

4 Marx, Johannes., and Tiefensee, Christine. "Of Animals, Robots and Men." *Historical Social Research*, vol. 40, no. 4, 2015, p. 77.

制裁。可是倘若狗隻破壞公物或受驚而咬傷人類，我們縱然叫以懲罰牠，卻難以苛責，全因動物根本沒有足夠智能理解人類的道德法規，情況就好像責難智障人士犯錯，或要求幼童為其罪行負上刑責一般，純屬強人所難。簡言之，漠視動物智能上的限制，強加道德責任於牠們身上，迫使其對自身行動負責，其實是無理苛求。反之，不將動物看成能負上道德責任的公民，才是實事求是，真正公平地對待動物的態度。[5]

最後，倘若我們認為公民身份應擴展至動物身上，那麼按相同原則，人工智能也許亦應享有公民身份。[6]在可見的將來，具備高等心智能力的人工智能終將出現，它們甚至可以比動物更足以成為政治與道德主體，理論上完全滿足公民資格。屆時我們又應否承認此等「機械公民」呢？假如將動物與機械人都納入公民領域，人類社會又是否能夠承受呢？這些都是快將面對的現實難題。由此可見，反思動物公民的議題，不僅關乎動物的福祉，亦迫使我們重新審視人之為何物，與及社會應該如何構成，對人類未來的走向有深遠意義。

5　Marx, Johannes., and Tiefensee, Christine. "Of Animals, Robots and Men.", p. 78.

6　Marx, Johannes., and Tiefensee, Christine. "Of Animals, Robots and Men.", p. 87.

參考資料：

Kymlicka, Will., and Donaldson, Sue. *Zoopolis - A Political Theory of Animal Rights.* Oxford University Press, 2011.

Kymlicka, Will., and Donaldson, Sue. "Animals and the Frontiers of Citizenship." *Oxford Journal of Legal Studies*, vol. 34, no. 2, 2014, pp. 201-219.

Marx, Johannes., and Tiefensee, Christine. "Of Animals, Robots and Men." *Historical Social Research*, vol. 40, no. 4, 2015, pp. 70-91.

機械情緣？

　　或許受流行小説與電影的渲染，關於機械人的討論大多集中於對人類的潛在威脅，諸如壟斷職場，甚或滅絕人類等等。不過事情的發展近年有新的趨勢：2017年，中國人工智能專家鄭佳佳迎娶了自己一手製造的機器人「瑩瑩」；2018年，日本男子近藤顯彥與虛擬偶像「初音未來」結婚。看來機械人的角色不再限於工具，甚至可以變成我們的朋友以至愛侶。到底機械人有沒有可能成為真正的情人？還是機械情緣只是一場自我欺騙的遊戲？

　　從日常生活反思，其實機械與人工智能技術早已是你我生活的一部份。從醫療診斷與家居清潔機械人，到近年流行的電子寵物與性愛機械娃娃，智能機械人已由不可或缺的好幫手，進展為人類的「機械同伴」(robot companion)。問題在於，同伴關係(不論是朋友或情人)的重點是情感連結。同樣是機械，為什麼我們不會視日常家庭電器為朋友，卻會對電子寵物與性愛機械娃娃動情？

　　哲學家柯克爾伯格(Mark Coeckelbergh)認為，要成為機械同伴，必須是人類能同情共感的對象，因此要與人類有一定程度的相似，例如外型，又或同樣會受傷損毀(因此我

們不會同情石頭而仍會關心機械），才容易令人產生共感。[1]
而機械同伴的出現，更可能進一步發展至戀愛關係。事實
上人類對死物和機械的愛慕，實已屢見不鮮，文章開首已
舉出與機器人結婚的實例，但這些畢竟只屬於單方面的愛
慕，本文想探討的卻是人與機械人到底能否「彼此相愛」。

當問及人類能否與機械人（下文稱為「機械伴侶」）談戀
愛時，普遍都表示機械伴侶並不具備愛人的能力。按哲學
家丹納赫（John Danaher）的分析，當中的理據有兩大方向：[2]
第一，反對者質疑機械伴侶並無愛的「感覺」，他們只是行
為上顯得很愛你，卻沒有相應的愛意、情緒和感受。無論
機械伴侶表現得再溫馨甜蜜，終究不過是一組行動程序而
已，決非真愛。其次，反對者堅稱由於機械伴侶沒有自由
意志，其所謂的愛情只是程式預先設定的行動。機械伴侶
無論如何都會一直愛你，永不變心，這種並非出於自由選
擇的行為，說到底稱不上是真正的愛情。

面對這兩點反駁，丹納赫深信不難回應。首先，即使
現在的機械伴侶並無真情實感甚至自由意志，但只要將來
技術上有可能做到，便代表概念上可能與機械伴侶相愛。
不過有趣的是丹納赫的立場更為極端，他宣稱只要機械伴
侶行為上表現得很愛你，便足以說明這是愛情，實際上有

1　Coeckelbergh, Mark. "Artificial Companions: Empathy and Vulnerability Mirroring in Human-Robot Relations." *Studies in Ethics, Law and Technology*, vol. 4, no. 3, 2010, pp. 6-8.

2　Danaher, John. "Sexuality." *The Oxford Handbook of Ethics of AI*, edited by Markus Dubber, Frank Pasquale, and Sunit Das, Oxford University Press, 2020, p. 413.

沒有愛意、情緒或感受並不重要。[3]丹納赫認為判斷戀愛關係時，只能訴諸可觀察與驗證的東西，也就是外在行為。即使你認為對方內心的「愛意」確實存在，最終都只能夠從其一言一行判斷。就算在人類情侶之間，亦只能如此，別無他法。既然在判斷對象為人類時，終究還是要以行動為證據，那為什麼在機械伴侶的情況下，突然改變驗證要求？而且此舉最終亦只會是緣木求魚。

丹納赫這種行為主義式的愛情觀，似乎難以被大眾接受。倘若愛情只是特定的言行模式，而不需理會內心意向，則任何人其實都能夠憑演技欺瞞。可是一位演技精湛、溫馨甜蜜的愛人，如果內心並無愛意，我們仍然不會認為他真的愛你。那麼如果採取講求真情實感的愛情觀，從而研發有自我意識和感受的機械伴侶，它又要滿足什麼條件，或在怎麼樣的狀態下，才可以說是能夠與人類相愛？於此哲學家尼霍爾姆(Sven Nyholm)與法蘭克(Lily Eva Frank)提出了三個基本判斷標準，分別是雙方是否「相配」(good match)、能否重視對方的「獨特個體性」(distinctive particularity)與信守「承諾」(commitment)：[4]

所謂的「相配」，簡言之就是二人相處的合拍程度。普遍認為愛情關係的美好，在於彼此能融洽相處。留意此處所說的相配不限於性格或價值觀的合拍，即使兩人的想法

3　Ibid.

4　Nyholm, Sven., and Frank, Lily Eva. "From Sex Robots to Love Robots - Is Mutual Love with a Robot Possible?" *Robot Sex - Social and Ethical Implications*, edited by John Danaher and Neil McArthur, The MIT Press, 2018, pp. 227-235.

有所差異，倘若彼此能互相遷就、磨合和成長的話，他們仍然是相配的。假如從這個原則判斷，機械伴侶的表現大概會遠勝人類。機械伴侶可以按各人的不同需要，度身訂造最合適的外表、談吐與價值觀，從此天作之合再非遙不可及。當然，相配與否是種雙向的動態發展，因此機械伴侶需要有接近人類程度的學習能力，才足以與伴侶共同磨合和成長，可惜目前的技術尚未能做到。

關於愛情的「獨特個體性」，不少人相信愛情就是戀上對方個體本身，而不是其擁有的特徵，否則如果出現比現有伴侶條件更優秀的人，便理應移情別戀。就此而言，機械伴侶到底能否重視伴侶的獨特個體性？關鍵在於他們必須具有價值意識，與及能遵循理由而行動的能力，而此等高階的心智行動，正是科學家努力希望達致的方向。

「承諾」亦是戀愛的重要元素。拆解這個概念，將發現它其實預設自由意志的存在。所謂的戀愛承諾，就是儘管有更佳的選擇，仍然按自己的意志從一而終。不過自由意志是否存在，在人類身上也是難以證明的千古謎題。到底機械伴侶能否擁有自由意志？坦白說，我無法回答。

以上對愛情的定義，讀者不必完全同意。關鍵在於一旦機械伴侶達到上述學習能力、價值意識與自由意志的條件，其實根本和人類沒有太大差異(除了肉體與機械之別)，我們亦再無充分理由否認彼此能夠相愛，可惜按目前技術，距離成功研發這種機械伴侶仍很遙遠。

最後的問題也許就是我們應否致力發展這種科技？於

此意見仍相當分歧。反對者擔心，機械伴侶會令物化女性的情況更趨嚴重。事實上現存的機械伴侶，大多以男性視角的理想美女形態出現（如長髮、身材苗條），或多或少會強化對女性的偏見。再者，也有人擔心機械伴侶會使人們不再懂得與真實人類相處，甚或使人際關係更為疏離。另一方面，支持機械伴侶的人士提醒，社會上有不少人因各種原因（像性格比較內向、外貌不太討好等等）而未能找到愛侶，機械伴侶明顯能帶來希望，讓他們重獲愛與被愛的機會，這可能是其人生救贖。總括而言，在機械伴侶尚未成功研發的現在，以上考慮雖難有明確的答案，但無疑值得深思。

觀察人類文明的走向，不難發現人類正愈來愈機械化，而機械則愈來愈人性化，人與機械的分野將日益模糊。與其拘泥於物種的差異，倒不如着眼於如何建立美好共融的未來，更有意義。就此我認同尼霍爾姆與法蘭克所言，如果愛是具內在價值的東西，那麼我們就有足夠理由去開發機械伴侶，令世人享受愛情。即使愛情只有工具價值，但經歷戀愛亦是美事，因為愛情使人的身心更健康豐盛，大概也會令社會更和諧，[5]只要審慎行事，看來並無否定機械伴侶的必要。

5　Nyholm, Sven., and Frank, Lily Eva. "From Sex Robots to Love Robots - Is Mutual Love with a Robot Possible?", p. 238.

參考資料：

Coeckelbergh, Mark. "Artificial Companions: Empathy and Vulnerability Mirroring in Human-Robot Relations." *Studies in Ethics, Law and Technology*, vol. 4, no. 3, 2010, pp. 1-17.

Danaher, John. "Sexuality." *The Oxford Handbook of Ethics of AI*, edited by Markus Dubber, Frank Pasquale, and Sunit Das, Oxford University Press, 2020, pp. 403-417.

Nyholm, Sven., and Frank, Lily Eva. "From Sex Robots to Love Robots - Is Mutual Love with a Robot Possible?" *Robot Sex - Social and Ethical Implications*, edited by John Danaher and Neil McArthur, The MIT Press, 2018, pp. 219-243.

虛擬世界的道德？

　　隨着科技的高速發展，虛擬世界已日漸融入現實生活，各種問題亦相繼湧現。2022年3月，日本發生了一件「VR（虛擬實境，Virtual Reality）強姦」疑案。事緣在一款虛擬角色能自由交流互動的遊戲《VR chat》中，女玩家「秋空」在遊戲中虛擬睡眠時（指戴着VR設備睡覺），被某男玩家所控制的角色潛入房間，坐在她操縱的角色身上並不斷前後擺動。「秋空」事後坦言雖然肉體上毫髮未傷，但仍然很難受，感到被「VR強姦」。此事引起網民熱烈討論，有人認為這是嚴重犯罪，反對者則指女事主實際上並無任何損傷，強姦的指控根本無從說起。此例不禁令人反思，到底在虛擬的遊戲世界中，是否再無道德規條可言？就算有的話，又會否與現實世界截然不同？

　　道德旨在規範人的行為，而在討論遊戲世界的道德時，行為可以分成兩大類別：「玩家之間的行為」，以及「玩家與電腦角色之間的行為」。前者是現實世界的人（玩家）控制遊戲中的角色，透過與其他玩家操縱的角色互動，從而跟不同玩家交流。後者是玩家操縱遊戲角色，於遊戲裡和電腦程式主宰的非人遊戲角色（NPC）之間的互動。顯然易見，考慮此兩種情況的條件不盡相同，以下會分而論之。

　　先討論玩家之間的行為。認為遊戲世界的行為無關道德

的人，最常見的論調就是遊戲中的一切活動，終究只是玩票性質，純屬虛假，根本無須認真看待。再者，虛疑角色在遊戲中的行為對現實中的玩家並無直接傷害，是以不涉及道德。

關於遊戲世界真實與否的疑問，哲學家鮑爾斯(Thomas M. Powers)提出了簡潔的回應。他認為遊戲世界中的行為真實不虛，原因在於任何能在因果層面有實質影響的都屬於現實(reality)。比方說，個人的意圖與慾望，哪怕是依靠電腦來顯現，只要能引起行動，都是真實世界的一環。當玩家按下鍵盤發出指令時，是明確希望其控制的虛疑角色表現自己的想法和行動，從而與他人交流。這些都是實實在在的溝通，只是媒介與傳統方法有別而已。[1]此外，我認為遊戲世界對現實的影響也無可置疑。香港就曾經有人因為遊戲角色的武器被其他玩家盜走，太過傷心而自尋短見。可見否認遊戲世界對現實人們的傷害，未免過於天真。

哪怕是在遊戲世界，玩家彼此的互動畢竟也是人與人的溝通相處，當中涉及道德規範實亦無可厚非，但如果說玩家對非人遊戲角色也應有道德考慮，相信會叫不少人錯愕。哲學家路克(Morgan Luck)就曾提出了「遊戲玩家的兩難」(the gamer's dilemma)這個有趣的現象來探討此問題，

---

[1] Powers, Thomas. M. "Real wrongs in virtual communities." *Ethics and Information Technology*, vol. 5, no. 4, 2003, p. 193.

內容可簡述如下：[2]在遊戲世界，謀殺非人遊戲角色(即「虛擬謀殺」(virtual murder))是司空見慣的閑事，從來沒有人認為有何不妥，更遑論道德上為錯，原因在於根本無人受傷。另一方面，倘若玩家於遊戲內侵犯非人遊戲(兒童)角色(即「虛擬戀童」(virtual paedophilia))，多數玩家都會覺得道德上難以接受。可是「虛擬戀童」亦無真正的受害者，按同樣道理也不應視之為錯。那麼接受前者卻反對後者，道理上就說不過去了。至此我們陷入兩難局面：要麼轉而承認「虛擬謀殺」是錯的，否則就只好接受「虛擬戀童」並無問題。

在進一步分析「遊戲玩家的兩難」之前，須清楚定義兩個重要概念。首先，「虛擬謀殺」並不是指遊戲世界中的所有殺人行徑。要構成「虛擬謀殺」，條件是該虛擬世界中的殺人行為，假使發生於現實世界中會被視為謀殺，並且被殺的非人遊戲角色不能復生，才算「虛擬謀殺」。[3]因此，根據遊戲的背景設定，例如「使命召喚」(Call of Duty)這款戰爭射擊遊戲，目的就是在戰場上殺敵，故此縱然於其中殺害非人遊戲角色，這行為搬到現實生活中也只會被判斷為戰爭行動，而非謀殺。反之，在大受歡迎的「模擬市民」(Sims)或「俠盜飛車」(Grand Theft Auto)等遊戲

2　Luck, Morgan. "The gamer's dilemma: An analysis of the arguments for the moral distinction between virtual murder and virtual paedophilia." *Ethics and Information Technology*, vol. 11, no. 1, 2008, p. 31.

3　Luck, Morgan. "The gamer's dilemma: An analysis of the arguments for the moral distinction between virtual murder and virtual paedophilia.", pp. 31-32.

中，玩家可以毫無原由而以各種方法殺死城市中的非人遊戲角色，好像把陌生人推下海使其淹死，或刻意以汽車撞死途人等，這些行動就可算是「虛擬謀殺」。「虛擬戀童」（virtual paedophilia）也依相同原則定義，假如玩家在遊戲中侵犯未成年非人遊戲角色，而該行為置於現實生活中屬於戀童的話，便算「虛擬戀童」。

「遊戲玩家的兩難」揭示出我們對虛擬世界的道德仍處於曖昧不明的階段，不過或許有毛病的並非我們的直覺，而是這個兩難，於此可以借用哲學家阿里（Rami Ali）的分析，重構其論證：[4]

(P1) 直覺認為「虛擬謀殺」道德上並無不妥，但「虛擬戀童」則不合乎道德。

(P2)「虛擬謀殺」道德上可被接受的原因在於當中沒人直接受害。

(P3)「虛擬戀童」也沒有人直接受害。

(P4)「虛擬謀殺」與「虛擬戀童」兩者之間並沒有其他道德上的分別，足以支持判斷的差異。

(C) 所以，玩家要避免判斷的不一致，就必須放棄P1的直覺，繼而要麼接受「虛擬戀童」合乎道德，要麼否定「虛擬謀殺」道德上並無不妥。

上述論證無疑是對確（valid）的（即當全部前提為真時結論必然為真），因此要推翻它就只能指出某個（或全部）前提

4　Ali, Rami. "A new solution to the gamer's dilemma." *Ethics and Information Technology*, vol. 17, no. 4, 2015, p. 268.

為假。細心觀察，P2和P3並無可議之處，剩下來似乎唯有攻擊P1或P4。就此路克曾提出五個反對P4的理由，並逐一駁斥。以下將簡述其中較重要的兩點：[5]

從後果論（Consequentialism）的角度來看，或許「虛擬謀殺」與「虛擬戀童」各自引起現實世界相關罪案的機率有別。假如我們認為任何會引致傷害的行為就是不道德，而相信「虛擬謀殺」不大可能促成現實世界的謀殺案，但「虛擬戀童」卻很大機會誘發現實世界的戀童案的話，我們就有理由判斷「虛擬戀童」為錯，「虛擬謀殺」則不然。對此路克認為必須有充分數據證明「虛擬戀童」的誘發效果遠超「虛擬謀殺」，才足以支持兩者的道德差異，問題在於現存的實證研究並未有定論。進一步而言，這種後果論的想法最終更有可能反證「虛擬戀童」合理。事緣部份研究發現，對有戀童傾向的人來說，一旦於遊戲中宣洩了慾望，倒會減低他們在現實中犯案的機會。如果此論屬實，則我們反而應該鼓勵「虛擬戀童」。由此看來，後果論式的反駁未能成功。

另一反對P4的聲音強調兒童是無辜且無力反抗的弱勢，需要特別保護，所以「虛擬戀童」比「虛擬謀殺」在道德上更為不妥，更值得關注與反對。路克認為此論有一定道理，可惜忽略了一些重要因素。這個想法其實建基於「其他條件不變」（ceteris parabis）的前設之上，換言之，在

5　Luck, Morgan. "The gamer's dilemma: An analysis of the arguments for the moral distinction between virtual murder and virtual paedophilia.", pp. 32-35.

傷害程度等條件相約的情況下，侵害兒童比殺害成年人是更為嚴重的錯誤。可是在「虛擬戀童」與「虛擬謀殺」的比較中，兩者真的條件相同嗎？我們是否真的相信戀童與謀殺的傷害同等？路克相當懷疑。再者，我認為謀殺案的受害者也可以是兒童，因此保護兒童這個理由，亦至少適用於部份的謀殺罪行。是以簡單說「虛擬戀童」一定比「虛擬謀殺」嚴重，其實說服力不足。綜合以上所言，反對P4的論點似乎都未能成功，我們剩下的就只有反駁P1一途，不過礙於篇幅所限，未能詳述，有興趣的讀者可以參閱阿里的文章。

倘若「遊戲玩家的兩難」未能消解，我們便只餘下兩項選擇：承認「虛擬戀童」與「虛擬謀殺」同樣不合乎道德而應被禁止，或兩者皆無道德缺失。不管讀者的選擇如何，以上討論至少有兩點重要啟示：首先正如路克所言，遊戲世界只是虛擬現實的一員，小說、電影亦是現今生活中不可或缺的虛擬世界，也會面對同樣的兩難。數數現在的電影，涉及謀殺情節的作品多不勝數，也沒人會覺得不妥。可是一旦談及戀童內容，總有衛道之士反對，這種情況不正是「遊戲玩家的兩難」的變奏嗎？可見「遊戲玩家的兩難」迫使我們重新審視現存大部份流行文化的潛藏道德難題。[6]此外，虛擬世界與人工智能勢將融入現實，「遊戲玩家的兩難」恰好警醒我們過往所謂真實與虛假的界

6　Luck, Morgan. "The gamer's dilemma: An analysis of the arguments for the moral distinction between virtual murder and virtual paedophilia.", pp. 35-36.

線，早已不合時宜，但到底要如何重新界定？這將是未來
世代不容忽視的課題。

參考資料：

Ali, Rami. "A new solution to the gamer's dilemma." *Ethics and Information Technology*, vol. 17, no. 4, 2015, pp. 267-274.

Luck, Morgan. "The gamer's dilemma: An analysis of the arguments for the moral distinction between virtual murder and virtual paedophilia." *Ethics and Information Technology*, vol. 11, no. 1, 2008, pp. 31-36.

Powers, Thomas. M. "Real wrongs in virtual communities." *Ethics and Information Technology*, vol. 5, no. 4, 2003, pp. 191-198.

當父母要考牌？

　　「生仔要考牌」、「唔識教就唔好生」等論調，隨着社會環境的惡化與對未來的擔憂，加上「怪獸家長」和虐待兒童的新聞無日無之，漸漸已成為新生代的主流意見。不過原來早在四十多年前，哲學家拉福萊特（Hugh Lafollette）便有類似想法，倡議「父母牌照」政策，立法管制父母的養育權，下文將探討這個激進但重要而有趣的主張。

　　要了解拉福萊特「父母牌照」的提案，先要區分「生育」與「撫養」兩者。前者是母親懷孕分娩的行為，後者是對子女的養育與管教。「父母牌照」並不是說要通過考核才可以生育小孩（這涉及基本的人權與墮胎等道德難題，較難成立），而是為人父母者必先要考取牌照，方能合法撫養親生子女。由於這項政策影響深遠，必須有充分理據支持，拉福萊特因此提出簡潔有力的論證，列出以下三項條件，主張任何活動只要符合首兩項，原則上就須被監管，假若同時滿足三項條件的話，更理應以牌照方式規管：[1]

　　（一）該活動有可能嚴重傷害他人；

　　（二）該活動需具備一定能力（知識與技能）方能安全
　　　　　進行；

1　Lafollette, Hugh. "Licensing Parents." *Philosophy & Public Affairs*, vol. 9, no. 2, 1980, p. 183.

（三）我們有大致準確的方法評核人們是否具備相關
　　　能力。

社會上很多活動都符合此三項條件，因而需通過資格
考核，領取牌照，方能合法進行，最典型的例子莫過於駕
駛執照，又或者醫生與律師的執業資格。以前者為例，魯
莽駕駛危害他人性命，安全駕駛要求一定的知識與技術，
現存的駕駛牌照考試亦大致達到準確評核的門檻，因此要
求駕車必先考牌，無疑是合理之舉。想像社會上所有人都
可以無牌駕駛和行醫，情況將會變得如何惡劣，便明白牌
照制度的重要。拉福萊特指出，撫養子女很明顯符合全部
條件。首先，兒童必須依靠大人生活，其福祉全在父母一
念之間，一旦父母虐待或疏忽照顧，往往令兒童蒙受生理
和心理創傷，足以影響一生。再者，養育子女必須具備相
關知識和能力，好像照顧幼童的健康常識，與保障兒童基
本溫飽的經濟條件等等。除此之外，父母的性格亦相當重
要，性格暴躁、缺乏同理心和耐性者，亦難以讓子女在良
好的環境下健康成長。最後，我們早已建立了一套行之有
效的機制，審查領養父母的資格。由此看來，既然撫養子
女符合所有條件，我們當然有理由規管。

或許「父母牌照」政策初聽之下十分無稽，養育親生
子女何需政府批准？但細心一想，此論其實並不如想像般
極端。正如哲學家溫斯比阿爾（Jurgen De Wispelaere）與溫斯
托克（Daniel Weinstock）所質疑，現在絕大部份文明國家，
不管是領養兒童，或只是希望成為暫托家長，申請人都需

接受一連串的審查(不得不提的是，在歐洲部份國家，領養寵物狗也要考牌)，目的正是保障兒童的福祉。既然在其他情況下我們都已樂於接受撫養兒童需要考核，為什麼親生父母是個例外？[2]如果你認為血緣能保證親生父母善待子女，那麼只要看看每年親生父母虐待兒童與疏忽照顧的案件數目，再想想這些肯定只不過是冰山一角的話，便會明白此等想法何其天真。綜上所言，拉福萊特宣稱，若論傷害的嚴重程度與要求能力的門檻，撫養子女絕對是需要被規管活動中的佼佼者。[3]社會一直無視此需要，着實難以置信，不可接受。

我們到底該如何評價「父母牌照」政策？大抵可循理論與實際操作兩個方向思考。從理論層面而言，反對「父母牌照」的最常見論點是它侵犯父母的權利。現實上的確有不少人視生兒育女為不可取締的人生目標。他們深信，所有人都有成為父母並撫養自己子女的權利，不容別人干預。養育子女是人的基本權利，因為它是追求美好人生的基礎之一。不過誠如哲學家布里格斯(Harry Brighouse)與斯威夫特(Adam Swift)所言，縱使養育親生子女是基本權利，也是有條件和受限制的，[4]當且僅當父母願意並且能夠保障子女的基本生活時，這種權利才算成立。假若父母執意虐

2　Wispelaere, Jurgen.D., and Weinstock, Daniel. "Licensing Parents to Protect Our Children?" *Ethics and Social Welfare*, vol. 6, no. 2, 2012, pp. 196-197.

3　Lafollette, Hugh. "Licensing Parents.", p. 185.

4　Brighouse, Harry., and Swift, Adam. "Parents' Rights and the Value of the Family." *Ethics*, vol. 117, 2006, p. 87.

待子女，哪怕是親生骨肉，我們仍然會反對孩子由他們撫養，可見撫養權是以特定的條件為基礎，在保障無辜兒童免於受傷害的大原則面前，仍需讓步。

在我看來，對「父母牌照」較有力的批評是由溫斯比阿爾與溫斯托克提出的「交易」（trade off）質疑。「父母牌照」只是禁止撫養，卻並非阻止生育，但問題來了，那些「無牌父母」的子女該如何處置？解決的選項有二：我們可以接收這些「無牌子女」，安頓於兒童中心，等待合資格人士領養；或是繼續讓子女留在「無牌父母」身邊，同時懲罰父母（罰款或社會服務令等）。後者明顯並不可取，因為這樣做有可能會令父母遷怒於子女，讓兒童身陷險境。可是按前者執行，卻會與「父母牌照」減少兒童受傷害的原意違背，因為此舉將令一定數量的「無牌子女」被迫於兒童中心渡過沒有父母的童年（注意，當中有部份兒童可能是基於父母考試失誤而非真的不勝任，無辜淪為「無牌子女」），這對他們的身心發展極可能弊多於利。換句話說，「父母牌照」原則上相當於犧牲「無牌子女」的福祉，來換取其他兒童免受不合格父母的傷害。[5]此舉既與「父母牌照」減少兒童受苦的原意違背，亦無疑是將兩批無辜兒童的福祉當作工具交易，叫人難以接受。

即使支持「父母牌照」政策的一方較有道理，我們仍要考慮實際操作是否可行，或有沒有什麼後果，方能真正

5　Wispelaere, Jurgen.D., and Weinstock, Daniel. "Licensing Parents to Protect Our Children?", pp. 201-202.

公允定案。舉例而言，到底養育子女這回事，有否客觀的標準來判別好壞？坦白說，對何謂最好的養育模式，其實難有定論，不過重點終究在於考核的目標為何。按拉福萊特的建議，「父母牌照」的宗旨根本不是選出理想父母，而只是排除不合格者，因此考核的重點將限於最基本的合格門檻，而對於何謂合格的父母，我們其實已有相當共識，例如以品格審查和知識教育，剔除有可能虐待或疏忽照顧兒童的申請人。[6] 情況正好像駕駛考試不旨在找出技術高超的車手，純粹希望道路駕駛者有基本合理的能力如出一轍，是以此制度運作上理應可行。

另一常見的疑慮是考核制度的誤判。再完善的考核方法都不免出錯，過程中總會有勝任的父母因表現失準而落選，部份不合資格人士卻僥倖過關。這個反駁其實不難回應。第一，只要考試的準確程度不致於太差，那麼即使偶有不公，在保障兒童免受不合格父母傷害的大前提下，仍可說是利多於弊。另外，只要容許多次重考，亦可減輕對申請人的影響。

有些朋友擔心，將養育子女此等人生大事交由政府規管，會助長政府宰制人民。這種憂慮誠然有一定道理，卻也並非無法解決。即使執行牌照制度，但考試內容的制定與執行的機構，都不必交由政權定奪。事實上現存大部份的資格考試，都是由專業團體負責，不見得必定會落入政府獨攬大權的局面。

6　Lafollette, Hugh. "Licensing Parents.", p. 190.

放眼世界，例如在印第安族與巴里族的社會，所有小孩其實是由全村的成年人共同撫養，可見親生父母獨佔子女養育權的想法，才不是什麼天經地義的道理。個人認為「父母牌照」或許仍有不少商榷之處，但無疑是值得研究的方向。畢竟從反人類與反生育的立場來看，將子女帶來這個悲慘的世上，已是對其莫大的虧欠，因此盡力保護他們，只能算是最起碼的贖罪而已。

參考資料：

Brighouse, Harry., and Swift, Adam . "Parents' Rights and the Value of the Family." *Ethics*, vol. 117, 2006, pp. 80-108.

Lafollette, Hugh. "Licensing Parents." *Philosophy & Public Affairs*, vol. 9, no. 2, 1980, pp. 182-197.

Wispelaere, Jurgen.D., and Weinstock, Daniel. "Licensing Parents to Protect Our Children?" *Ethics and Social Welfare*, vol. 6, no. 2, 2012, pp. 195-205.

選擇下一代？

優勝劣敗，適者生存。現今世界人們面臨各種危機，好像疫症蔓延、經濟泡沫爆破等等。如果命運能選擇，我們都希望自己的子女變得更強、更優秀。而隨着科技發展，基因工程提供了新的希望：改造子女的基因，使其身心條件更優越。不過從複製羊多莉到賀建奎的基因改造嬰兒，基因工程技術一直受社會各界非議。到底從倫理的角度來看，基因改造下一代孰好孰壞？

其實遠在基因工程未曾出現之前，我們已經不斷嘗試改造下一代。正如哲學家布洛克(Dan Brock)所言，尋找條件優秀的伴侶(例如強壯和高智商)，目的不外是希望子女能傳承對方的優點。懷孕婦女戒掉煙酒，吃健康補充劑，無非旨在令子女免於疾病，健康成長。凡此種種，無疑都是意圖選擇下一代的狀態和能力，但這些措施卻鮮有人非議，反而會被視為負責任父母的表現。布洛克於此質疑，我們其實並無理由認為相比於環境因素的干預，唯獨基因改造是道德上錯誤的行為。[1]

要詳細評斷基因選擇下一代的好壞，必須先釐清兩組重要的概念，第一組概念區分是「治療」(treatment)與

1　Brock, Dan. "Is Selection of Children Wrong?" *Human Enhancement*, edited by Julian Savulescu and Nick Bostrom, Oxford University Press, 2009, p. 252.

「強化」（enhancement）。簡單來說，「治療」是透過醫療手段，將身心機能維持或回復到健康狀態。「強化」則是透過醫療手段，提升身心機能至超出正常的健康水平。很多人認為，只要目的在於治療，哪怕涉及基因選擇，道德上亦無大礙。可是一旦越過「治療」的邊界，轉而打算「強化」健康人士的身心機能，則萬萬不可接受。可惜這對區分縱然符合直覺，卻有其局限，原因在於「治療」與「強化」並非截然二分，在不少情況下，「強化」同時亦屬於「治療」，就此最常引用的例子就是疫苗注射。疫苗的功能是增強一般健康人士的免疫系統，從而抵禦病毒侵襲，維持健康。如果注射基因編輯技術的mRNA疫苗來抵抗新冠疾病並非不道德，為什麼賀建奎令嬰兒免疫於AIDS的基因改造卻應受道德指責？

　　另一對和「治療與強化」類近但不相同的概念是「消極篩選」（negative selection）與「積極篩選」（positive selection）。[2]前者是指以醫療手段避免子女擁有某些負面特質，例如先天疾病或殘障。後者是以醫療手段增強子女的某些正面特質，好像提升智力或免疫力等等。「消極篩選」主要的方法有兩種：其一是接受孕前檢查，倘若驗明父母有遺傳性疾病的基因，可考慮放棄生育；另一手段是胎兒基因測試，如果發現胎兒有病變基因（即遺傳疾病或染色體疾病，比方說唐氏綜合症），孕婦可中止懷孕。就「積極篩選」而言，針對的是與疾病無關的基因，例如性別、身高、智力等

2　Brock, Dan. "Is Selection of Children Wrong?", pp. 251-252.

等。直到目前為止，技術上唯一能做到的「積極篩選」只有性別選擇。不過隨着技術發展，可見的將來我們或許能夠以基因改造強化下一代，令他們變得更強壯、智力更高等等，這些都是未知之數。可是不論「消極篩選」或「積極篩選」，反對聲音都不在少數，接下來我將介紹幾個反對基因選擇的論點，看看道德上是否站得住腳。

在眾多反對意見中，首先湧現的必定是「扮演上帝」的指摘：人類的基因與演化屬於自然秩序，只有上帝才可插手，我們不應干擾自然規律。不過正如哲學家哈理斯（John Harris）所質疑，此論明顯難以確切執行。認真想想，生病是生命的自然現象，天災也不過是自然規律，人如果不應該干預自然，難道要袖手旁觀，坐以待斃，讓人類受苦？可見這種反駁並不合理。[3]

相比「積極篩選」，「消極篩選」道德上看來無可厚非，畢竟讓殘障的生命出生，似乎對本人以至其家人而言都有害無益。可是也有論者宣稱，「消極篩選」會損害現存殘障人士，以至社會整體的利益，因此理應反對。反對者認為，「消極篩選」會減低殘障人士的整體人數，令他們更容易被社會忽視。同時「消極篩選」背後代表的價值觀，彷彿就是殘障的生命不值得活，所以才應該盡一切方法避免，此舉將加劇歧視，令其生活更艱難。最後，從長遠的社會發展而言，「消極篩選」也影響社會的多元價值，不利

3　Harris, John. "Enhancement Are a Moral Obligation." *Human Enhancement*, edited by Julian Savulescu and Nick Bostrom, Oxford University Press, 2009, pp. 131-154.

培養市民間的包容之心。於此我同意布洛克的回應：以上的憂慮縱使有其根據，但我們亦不應忘記，不讓殘障的生命誕生，至少就嚴重殘障者而言，也是減少世上的苦難。[4] 權衡利弊之下，反對者不見得更有道理。

不少人會訴諸「優生學」（eugenics）的憂慮來反對「積極篩選」。「優生學」本是中性的學問，旨在改善人類的基因質素。可惜自德國納粹主義以之為借口，自稱日耳曼民族才是優秀的人類，企圖種族滅絕猶太人後，「優生學」就與種族歧視、獨裁政策這些惡行劃上等號。針對這種顧慮，哈理斯等學者提倡「開明的優生學」（liberal eugenics），務求使「積極篩選」的技術不會重蹈納粹的覆轍。他們相信「優生學」的本意是讓人類整體更強大，提升所有人的生活質素。假使遵守建基於科學事實，反對政府的干預，由家長自行決定等原則的話，「開明的優生學」應能避免種族歧視，亦有望在尊重個人權利之餘容許多元選擇，提升人類福祉。不過哲學家斯派羅（Robert Sparrow）認為以上的想法過於樂觀。父母在決定子女應擁有什麼特質時，其實難以擺脫社會文化下的群眾心理。例如在重男輕女的社會，父母為着子女的福祉，往往只會選擇男性。因此儘管是「開明的優生學」，最終大概仍舊會成為社會不公和歧視的幫兇，[5] 甚至導致強者愈強，弱者益弱的境地。

方才種種反對基因選擇的理由，終究不難猜測。最後

4　Brock, Dan. "Is Selection of Children Wrong?", p. 257.

5　Sparrow, Robert. "A Not-So-New Eugenics: Harris and Savulescu on Human Enhancement." *Hastings Center Report*, vol. 41, no. 1, 2011, pp. 35-36.

我必須介紹哲學家桑德爾（Michael J. Sandel）一套饒有新意的反駁供大家思考。首先他提出「生命的恩惠」（the giftedness of life）這個觀念。「生命的恩惠」是指我們要明白即使個人如何努力，人與生俱來才能的高低，本質上依然是大自然的恩賜，無法全然自決，同時亦應承認世事其實不會完全隨個人意願而被利用和控制。[6]驟眼看來，此論好像與現代社會重視個人努力的價值取向背道而馳，其實不然。比方說，一個平庸的足球員，就算他比球王美斯努力十倍，我們仍然會認為美斯才配得上金球獎的榮譽。考慮現實，在不少情況（例如運動場上）我們最為重視的其實仍然是運氣使然的天賦。那麼「生命的恩惠」在養育子女的處境上有何重要？桑德爾認為父母之愛的可貴，其中一大部份源於承認子女是「生命的恩惠」，即接受其與生俱來的一切優劣，不問條件地愛護子女，不把他們當成隨自己心意操控改變的對象。[7]在此意義下，基因選擇下一代的最大問題，就是與父母之愛的本質衝突。

從宏觀的角度來看，基因選擇摧毀「生命的恩惠」，將對人類道德中的三個重要因素——「謙遜」（humility）、「責任」（responsibility）與「團結」（solidarity）——有異常的

6　Sandel, Michael. "The Case Against Perfection: What's Wrong with Designer Children, Bionic Athletes, and Genetic Engineering." *Human Enhancement*, edited by Julian Savulescu and Nick Bostrom, Oxford University Press, 2009, p. 78.

7　Sandel, Michael. "The Case Against Perfection: What's Wrong with Designer Children, Bionic Athletes, and Genetic Engineering.", p. 79.

壞影響。[8]

　　首先，接納子女天賦的高低令父母明白人力總有界限，這種謙遜的德性有助人們面對逆境，同時消滅控制別人的慾望。基因選擇的出現，卻令人生種種美好特性都不再是幸運，而是選擇和賦予的結果，如此只會令人類自以為可以掌控一切，變得狂妄。其次，基因選擇會使父母的責任變得不合理地廣泛和沉重。在基因選擇的前提下，子女往後的人生成敗，再難以歸咎於運氣甚至自身的努力與否，而是父母當初有沒有替其做適當明智的基因選擇，但這似乎是過於苛刻的要求。最後，當人們接受才能很大程度是「生命的恩惠」，而並非個人所能完全左右時，社會才更可能成為互相包容的命運共同體，才更有理由同舟共濟。畢竟成功人士為什麼要關懷弱勢？最重要的原因之一正是「生命的恩惠」：成功者的優勢其實某程度歸功於運氣而來的天賦，弱勢人士亦只是敗於與生俱來，而不應負責的壞條件，因此社會有道德理由補償先天運氣上的不公。可是如果一切成敗得失變得取決於基因選擇的話，那麼人們就需要為其當初基因選擇的誤判負責，社會對不幸而致能力較弱的人將失去同情，人與人之間的體諒和支持勢必大減，最終淪為各自為政，難以團結的局面。

　　歷史的洪流不由個人意志左右，基因選擇大概勢在必行。縱然如此，我們必須牢記，當中關涉的不僅僅是父母

8　Sandel, Michael. "The Case Against Perfection: What's Wrong with Designer Children, Bionic Athletes, and Genetic Engineering.", pp. 86-88.

的個人選擇，更重要的是下一代的人生，以至未來人類整體的演變，影響深遠，務必三思而後行。

參考資料：

Brock, Dan. "Is Selection of Children Wrong?" *Human Enhancement*, edited by Julian Savulescu and Nick Bostrom, Oxford University Press, 2009, pp. 251-276.

Harris, John. "Enhancement Are a Moral Obligation." *Human Enhancement*, edited by Julian Savulescu and Nick Bostrom, Oxford University Press, 2009, pp. 131-154.

Sandel, Michael. "The Case Against Perfection: What's Wrong with Designer Children, Bionic Athletes, and Genetic Engineering." *Human Enhancement*, edited by Julian Savulescu and Nick Bostrom, Oxford University Press, 2009, pp. 71-90.

Sparrow, Robert. "A Not-So-New Eugenics: Harris and Savulescu on Human Enhancement." *Hastings Center Report*, vol. 41, no. 1, 2011, pp. 32-42.

年老又如何？

　　隨時間老去是人生無可奈何的宿命，然而現今世界物質富庶，醫學昌明，人均壽命愈來愈長，「年老」（ageing, old）的定義亦正不斷改變。此外，長者的增加，難免也衍生一些社會問題，諸如世代之爭等。事實上在強調創新、時尚的今天，「年老」就是陳舊、無用、被嫌棄的同義詞。到底「年老」該如何定義，又應以什麼態度面對？

　　其實愈簡單日常的概念，往往愈難定義，「年老」就是一例。哲學家奧維羅爾（Christine Overall）指出，「年老」這概念一直不斷演變。不過要定義「年老」，首先必須知道如何判定「年齡」（age）。初步看來，此問十分無稽，年齡不就是存在時間的長短嗎？無奈事情絕非如此簡單。粗略而論，年齡就有「實存年齡」（chronological age）與「生物年齡」（biological age）兩種計算方法。前者是指於世上存活了多少時間，後者則關於身體的衰退程度，或曰與死亡的接近程度。[1] 除此之外，也有哲學家提出「意識年齡」（experienced age）一說，[2] 指向意識活動時間的長短。根據上

1　Overall, Christine. "How Old Is Old? Changing Conceptions of Old Age." *The Palgrave Handbook of the Philosophy of Aging*, edited by Geoffrey Scarre, Palgrave Macmillan UK, 2016, pp. 14-22.

2　Räsänen, Joona . "Age and ageing: What do they mean?" *Ratio*, vol. 34, no. 1, 2021, p. 36.

述定義，「實存年齡」下的「年老」就是生存的時間到達某個門檻，而世界衛生組織對老年人的定義便為六十周歲以上的人群。「生物年齡」意義下的「年老」則是指身體功能衰退的加速與疾病和死亡率的增加。於此必須指出我們的「生物年齡」可能大於或小於「實存年齡」，例如某人可以只活了廿年光景，但身體已衰弱至瀕死邊緣，因此不少論者相信，我們應該關心的是「生物年齡」而非「實存年齡」。最後，「意識年齡」的想法是基於人生最重要的元素是意識經驗，並由此決定「年老」。

在一般情況下，上述三者的判斷差距通常不大。人的實存時間同樣也是具有意識與經驗的時候(除了胎兒時期與死前的一小段無意識狀態)；「生物年齡」大概也不會偏離「實存年齡」太多。可是隨科技發展，人類面對的情況日新月異，三者可以出現頗大分歧，哲學家萊塞寧(Joona Räsänen)就曾設想出幾個有趣的思想實驗，顯示以上三種定義各自的不足：[3]

〔冷凍裝置〕A君在「實存年齡」四十歲時進入冷凍裝置，身體機能暫時停止並陷入無意識狀態，五十年後成功解凍，從「生物年齡」四十歲的身體中醒來，那麼他到底是四十歲還是九十歲呢？

〔復活裝置〕B君在「實存年齡」四十歲時進入殺人冷凍裝置，此機器會即時將人殺死，然後冷藏屍體保存，過一段時間後再將之復活。五十年過去，B君從「生物年齡」

3　Räsänen, Joona. "Age and ageing: What do they mean?", pp. 34-36.

四十歲的身體復活，那麼他到底是四十歲還是九十歲呢？

〔昏迷〕C君因意外腦部受創，在「實存年齡」廿歲時陷入昏迷，期間全無意識，但身體以機器維持正常生長，三十年後奇蹟地C君從生物年齡五十歲的身體醒過來，那麼他到底是廿歲還是五十歲呢？

〔不老藥〕D君在「生物年齡」四十歲吃了新發明的不老藥，能讓身體保持健康而且停止老化，此外生活如常。五十年過去，他仍然擁有生物年齡四十歲的身軀，那麼他到底是四十歲還是九十歲呢？

萊塞寧按這些例子，逐一以三種年齡定義的答案和預期直覺對照，並發現三者都有不合理之處。篇幅所限，於此我只能簡述當中的一小部份。第一，按「實存年齡」A君應為九十歲，而B君則是四十歲(因為中間五十年他死了並不存在)，可是萊塞寧認為這判斷並不妥當。兩者都是進入特殊裝置，中止身心活動，與世隔絕五十年，為什麼判斷不一？更合理的判斷似乎應是A君同樣只有四十歲，因為在冷凍期間他的生理與意識活動已被暫停，並無增長。其次，假若依照「生物年齡」判斷，D君理應只有四十歲，但既然他實實在在生存了九十年，並且過着正常而有意識的人生，九十歲才應該是唯一答案，「生物年齡」判準於此並不合適。最後，倘若根據「意識年齡」，C君將只會是廿歲，不過一般人大抵會説，C君存在了五十年，身體也成長至五十歲的狀態，故此「意識年齡」此判準是錯的，C君應為五十歲。綜上所言，足見沒有任何一種定義能夠圓滿解

釋全部例子中的預期直覺，由此觀之，要定義「年齡」，甚至於「年老」，不如想像般容易。

或許有論者會認為以上討論流於空想，不切實際，現實上我們多以「實存年齡」或「生物年齡」作標準，也不見得有何重大困擾。就此奧維羅爾提醒，即使如此，怎樣才算「年老」仍然不容易回答。為什麼？因為醫療衛生、經濟狀況、飲食營養等會影響壽命（「實存年齡」）與健康（「生物年齡」），而這些條件視乎身處的社會發展程度，將有極大差異，所以「年老」很大程度上是社會經濟甚至文化決定的。[4]現今富裕國家人均壽命約為七十五歲，但貧窮地區人均壽命大概只有四十五歲。在中非，三十多歲可能已算老年，不過對日本人來說，只是走過人生旅程三分之一的少年而已。

就算能夠找到定義年老的共識，接下來還要面對價值判斷的難題。隨着文明進步，對弱勢社群的關注不斷提升，不少論者都譴責社會上歧視「年老」的風氣。老年人因着對新事物的認識與接受程度的下降，以及身心能力的衰弱，往往被視為過時和無用。不過這無疑是以偏概全，墮入「年齡主義」（ageism）與「健全主義」（ableism）的陷阱。「年齡主義」是對特定年齡群體的不合理標籤和對待，「健全主義」則屬於對有身體能力障礙的人士的無理標籤和對待。殘酷一點來說，老年人可說是受「年齡主義」與

4　Overall, Christine. "How Old Is Old? Changing Conceptions of Old Age.", p. 20.

「健全主義」雙重歧視的一群。[5]事實上不少長者仍然老而彌堅，我們理應正視其經驗與貢獻。

有趣的是基於對年老歧視的反動，近年又流行一種「擁抱年老」的論調，強調縱使身心衰退，「年老」仍舊是正面、值得慶幸的事情。哲學家林登(Ingemar Patrick Linden)強烈反對此說，堅持「年老」終究弊多於利。林登曾逐一反駁「擁抱年老」的論據，[6]首先是所謂的「人生階段說」。此論強調人生中每段年紀都有特定目標，例如三十歲前要結婚生子，六十歲便應退休享福等。人生如若不老，便將停滯於某一階段，無法體驗其他階段的經歷，也難以達成相應的目標，而人生理應嘗遍箇中所有，才算圓滿無憾。職是之故，年老就是達成那些價值的必要條件，更可以說是構成人生意義不可或缺的一環。對此林登反駁，人生階段的晉升，原因在於經驗與智慧的累積，或身體的「成長」，而不是「年老」之故。不會老去的人生會是真正的解放，令人擺脫老病死的折磨。另一方面，我認為「人生階段說」從根本上就是錯的，因為這些由社會文化賦予的人生「階段成就」，哪怕對某些人來說值得追求，也不可能、不應該是所有人必須企盼的共同目標。

另一種擁護「年老」的論調則針對老年狀態對思想與行動模式的改變。老年人基於生理衰退，慾念通常較少；受益於經驗的累積，情緒亦相對平穩。這種清心寡慾的狀

5　Overall, Christine. "How Old Is Old? Changing Conceptions of Old Age.", p. 16.
6　Linden, Patrick. *The Case against Death*. The MIT Press, 2022, pp. 25-34.

態，不啻是種理想的人生境界。要回應此說，首先不見得要同意這種偏重理性，輕視慾望與情感的人生觀。再者，林登明確解釋，慾念的降低當然令人可投放更多時間與心力思考，更容易達致澄明的心境，可是「年老」同時亦不可避免使身體出現各種毛病，而疾病無疑比慾念更耗損、折騰精神，令人無法正常生活，遑論什麼理性思考與平穩澄明的心境，是以「年老」仍然是件壞事。

誠如奧維羅爾所言，「年老」是所有人皆可能遇到的階段，但只有幸運的一群才需要面對。[7]基於生存條件的改善，與及對不同群體尊重，「年老」相關的問題只會日益迫切，我們的想法需要於時並進，方能切合人類社會的不斷演進，達致更和諧的未來。

參考資料：

Linden, Patrick. *The Case against Death*. The MIT Press, 2022.

Overall, Christine. "How Old Is Old? Changing Conceptions of Old Age." *The Palgrave Handbook of the Philosophy of Aging*, edited by Geoffrey Scarre, Palgrave Macmillan UK, 2016, pp. 13-30.

Räsänen, Joona. "Age and ageing: What do they mean?" *Ratio*, vol. 34, no. 1, 2021, pp. 33-43.

---

7   Overall, Christine. "How Old Is Old? Changing Conceptions of Old Age.", p. 28.

人死如燈滅？

　　有云「人死如燈滅」，人類對死亡的恐懼，根源之一正在於深信死後將不復存在，尤其在現今科學主導的世界觀下，人死便灰飛煙滅更是世人共識。要反對此說，一般多訴諸宗教上「靈魂不朽」或「死後世界」的想法，下文將不循此途，而介紹一些另類的哲學思想，與大家反思「人死如燈滅」是否如所想的理所當然。

　　根據現代科學，人類在身體停止運作之時，自我意識亦隨之消散，此之謂死亡。同時，人死後將如燭火熄滅，不復存在，這種想法哲學上稱之為「終結論」（The Termination Thesis）。不過就如哲學家費爾德曼（Fred Feldman）指出，「終結論」並不是說人死後不再以具備人格的姿態存在。人格與記憶等意識內容會隨死亡消失是不爭的事實，故此終結論當然承認死後人格自我亦蕩然無存。不過「終結論」真正的意思是人死後將不再以「任何形式」存在，灰飛煙滅。可是費爾德曼認為「終結論」並不成立，我們死後哪怕無法以人格意義上存在，仍然會以屍體的形式續存下去，直至肉身滅亡為止，姑且簡稱此想法為「屍體論」。費爾德曼借用了一些生活例子，揭示在我們日常語言與生活中，早已預設「屍體論」是最符合直覺的解釋，以下枚舉

兩個比較有趣的例子：[1]

〔墓地〕如果大家曾到訪墓地，定必會見到林立的墓碑上皆寫有「某某長眠於此」的字句。每個墓碑提及的死者的確以屍體的形式續存，試想人死後如果不再存在的話，則現在埋葬於墓碑下的又會是誰呢？難道所有「某某長眠於此」的碑文都只是謊言而已？

〔驗屍〕遇上命案時，每每會解剖屍體，查找死因。譬如說，發現有子彈殘留於屍體心臟，便會推斷死者生前因中彈而亡。換言之，這副屍體依舊是死者本人，繼續埋藏着生前的子彈，因此研究屍體足以顯示其死因，試想如果此屍體不是死者本人的話，則屍體發生何事又與死者生前有什麼關係？

以上兩個例子在在顯示出「屍體論」的立場：人死後會轉為以屍體的形式繼續存在。事實上「屍體論」並非西方獨有的想法，中國古時便有掘墓鞭屍、挫骨揚灰的復仇事例，背後正是「屍體論」的精神典範：鞭屍如毀人，相比破壞他的財物，這才是對仇人的直接報復。那麼人要何時才真正不復存在呢？當閣下的肉身灰飛煙滅之際，才是你真正消失之時。

「屍體論」從肉身的角度反對「人死如燈滅」，可是也有不少論者不循此途，而從精神層面論說人死後如何能長存於世，由此可以轉入中國哲學的相關討論。中國傳統

---

1 Feldman, Fred. "The Termination Thesis." *Midwest Studies in Philosophy*, vol. XXIV, 2000, pp. 101-102.

有所謂「立功、立德、立言」的「三不朽」之說，強調個人的生命可以通過偉大的成就而超越死亡，長存不朽。這種想法無疑與「終結論」背道而馳，卻也不像「屍體論」一般只談肉身，而是強調人類精神面向的存在。不過「三不朽」一說縱然流傳甚廣，但胡適就認為它有三個嚴重的理論缺點：[2]

(一) 不朽的人只會是極少數的精英，一般人似乎並無不朽的希望。

(二)「三不朽」只提到積極方面，卻沒有消極的制裁，這似乎與我們賞善罰惡的願望相左。

(三)「三不朽」所說的「德、功、言」判準都很含糊，到底德行要有多好、事業要如何成功、思想著作需流傳多久，方為「立功、立德、立言」？如果沒有明確的標準，根本無法知道如何才能夠成就不朽。

對應以上質疑，胡適遂提出「社會不朽論」來取代「三不朽」。按他的理解，社會的生命，從縱剖面或橫截面來看都是有機的整體。縱剖面即從歷史發展的角度考慮，便明白前人影響後人，後人影響更後人；橫截面則指個人與群體社會是相互影響依存。胡適斷言，個人的「小我」並非獨立存在，是和無數「小我」有直接或間接關係，是和社會世界的過去和未來都有因果關係。種種前因與他人的行動造就今天的我，而我的行動又將影響他人與社會，

2　胡適：〈不朽：我的宗教〉，《新青年》第6卷第2號，1919年，頁99-100。

一直擴散開去。胡適枚舉了一些例子說明：某肺病人士吐在地上的一口痰，可能把病菌隨空氣傳到別人身上，最終種下無數人染病的惡果而不自知；又譬如二千多年前印度的某具屍體，碰巧被某國的王子見到，啟發了偉大的佛學思想，影響後世千萬心靈。[3] 是以「小我」雖然有死，但其一言一行，就算是微弱如點起一串燭光，效果縱然微小，卻全都是人類歷史因果網中的一環，其影響不會隨個人的死亡而消逝，反會長存於人類文明的「大我」之中。

胡適認為「社會不朽論」能夠解決「三不朽」的不足。首先因為所有人的言行不論賢愚，都能隨「大我」不朽，由此便解決了(一)與(三)的問題。對(二)而言，個人的功過好壞既永存於「大我」，則立德足以流芳百世，作惡自亦遺臭萬年，這就是對壞人的制裁。可惜，縱然胡適的想法比傳統的「三不朽」更合理，在我看來仍然有一大漏洞，那就是他充其量只證明人死後的言行影響將長存於「大我」之中，卻並不能證明其可以「不朽」。因為人類終有滅亡的一天，「小我」的影響亦勢必隨「大我」的消失而不復存在。說個人可以隨「大我」永垂不朽，未免言過其實。

「社會不朽論」從宏觀的角度反對「人死如燈滅」，新儒家的唐君毅走的又是與胡適不一樣的道路。唐君毅認為縱使死者已逝，但其精神與情意，卻可仍然與後世的生者相接感通，從而雖死猶生。我相信唐君毅的想法可以分作兩部份說明。首先是他對人類生活本質的理解。唐君毅認

3　胡適：〈不朽：我的宗教〉，頁103。

為，人類生活的本質是超越身體，向死亡迫近來成就精神生活。[4]我們進食，不是僅僅為了生存，而是獲得健康，由此追求自己的目標。我們工作、學習、甚至玩樂，無不耗費體力健康生命，為的就是成就身體存在之外的精神活動，這大概是無可否認的事實。

明白以上道理後，可以進一步理解唐君毅想法的第二個重點，即所謂「通幽明之際」。顧名思義，「幽」是指已逝的前人，「明」則是在世者，「通」是指相接感通之意。既然人的精神可以超越身體，則只要死者之精神，走向生者而來，生者之精神，邁向死者而往，幽明便可直接相通。比方說，垂死的老人對子女的掛念之情，或殺身成仁、捨生取義的志士仁人之寄望與革命來者，當後人得知他們期望顧念之情而受感動之際，就是與前人感通之時。[5]因為如前所言，人的真正生命乃在於精神生活，是以明其志，感其情，即如見其人。前人遺下的情意與念願，朝未來的生者而向。生者在明瞭逝者的深情厚意與遺志時，精神上就是往死者而上接，如此則死者縱逝，但其精神卻不曾中斷，雖死猶生。這裡說的既不是殘留世上的肉身，也並非什麼形而上的靈魂，而是一種情意與理念上的延續，甚至實踐。

總括而言，胡適與唐君毅的理論大抵無法驗證，讀者亦不必全盤接受，但無疑是饒有深意的提醒：如果存在不

4　唐君毅：〈死生之說與幽明之際〉，《人生之體驗續篇》，台北：學生書局，1992年，頁101。

5　唐君毅：〈死生之說與幽明之際〉，頁104。

限於此生，也許悼念前人的犧牲，承其遺志，就是令其雖死猶生的關鍵，也是把過去重新帶往未來的路徑。前人縱已離去，但他們最終只淪為腐朽的遺骸、記憶的殘篇，還是仍然活在我們當中，就在你我一念之間。

參考資料：

Feldman, Fred. "The Termination Thesis." *Midwest Studies in Philosophy*, vol. XXIV, 2000, pp. 98-115.

胡適：〈不朽：我的宗教〉，載《新青年》，1919年第6卷第2號，頁96-105。

唐君毅：〈死生之說與幽明之際〉，載《人生之體驗續篇》，台北：學生書局，1992年，頁97-111。

結　語

　　一本自詡為進階程度的哲學入門書，應該以怎樣的內容作結才算不負其名？我想既然哲學的古訓是「認識自己」，那麼反省哲學自身的處境，大概會是個恰當而且頗有意思的結語。每當提及哲學，大眾的第一印象不外是艱澀和無用，一副敬而遠之的態度。事實上，縱然近年於華文界似有普及的趨勢，不過哲學從來都不算是受歡迎的學問。誠然，任何事情總有人支持與反對，但哲學在當今大眾心目中，地位明顯仍比很多學問要低。比方說，同為歷史悠久的學科，倒沒有多少人會輕視物理學和醫學。相較之下，哲學就經常被忽視，甚至討厭。到底哲學因何惹人生厭？又是否罪有應得？於此不妨先申明本人立場：與大部份哲學愛好者的意見相左，我認為哲學理應，甚至是註定被討厭的學問，然而這算不上是壞事，也無必要改變。我將借用哲學家柏林(Isaiah Berlin)與威廉士(Bernard Williams)的想法，解釋箇中原因。

　　人們討厭哲學的原因林林總總，不過歸納起來大致分作兩類：分別針對哲學人的陋習，與及哲學本身的毛病。所謂的哲學人，每每滿口術語而不知所云，時常以學科之母自居而目空一切，甚至妄議其他學術專業的長短。就哲學本身而言，現今的學院哲學只空談理論，卻對現實生活無甚助益，研究的對象也多是繁瑣卻無人關心的理論枝

節。簡言之，哲學就是艱澀、故弄玄虛、假大空卻對人生毫無用處的理論遊戲。對於此等批評，哪怕前者屬實，也只是人的問題，事實上任何學科都有學藝不精的害群之馬，不見得是哲學之錯。反之，對哲學本身的批評倒值得深思，我姑且歸納為以下三點：

（一）問題虛無飄緲，沒有明確答案。

（二）內容艱澀繁瑣。

（三）對實際生活毫無幫助。

若要回應以上指摘，大概須從根本着手，探討哲學的具體內容，然後反省其值得被討厭或輕視與否。

要為哲學下定義，本身已是哲學難題。一般人，特別是哲學入門者，總把「愛智慧」或「批判思考」掛在口邊，以之為哲學的本質。這些想法不能説錯，可惜過於籠統。首先，不管文理工商，所有認真的學問，都屬於追求真理、「愛智慧」的活動。説哲學就是「愛智慧」，彷彿暗示此乃哲學的專利，明顯與事實不符。難道物理學與法律學不追尋真相和智慧嗎？同理，以「批判思考」自居亦不恰當。試問人類學或社會學不重視「批判思考」嗎？另一種常見的説法是哲學旨在研究最根本而抽象的事物，好像真理、道德的存在與否等等。此論固然不虛，卻依然未能明確將哲學與其他學問區分開來。難道研究世界運行原則的物理學，或探索數量與結構等概念的數學，稱不上基礎與抽象麼？其實方才這些想法，多少予人認為哲學與別不同，甚至高人一等、自以為是的印象。這也許亦是哲學惹

人討厭的起因之一。

既然以上定義未能叫人滿意，或可參考柏林的想法，我認為其論點不但捕捉到哲學的特性，更足以回應批評（一）與（二）。柏林認為要理解一門學科的特質，與不同學科之間的差異，可從其鑽研的問題類型着手。一般而言，人類知識可分為經驗問題（empirical question）與形式問題（formal question）兩種。[1]前者從觀察經驗世界的狀況得到答案，後者則依據理性的計算或思考尋找真相。經驗問題的典型例子如科學問題：火星有否其他有意識的生命存在？答案當然只有查探火星才可知曉。形式問題的代表則是數學問題，需要運用公理與演繹推論來計算結果。而不管經驗或形式問題，結構上有其共通之處：我們大致掌握明確的方向，知道怎樣的答案才算相干和合適。更重要的是，縱使未有答案，亦至少知道可循什麼方向找尋，與及怎樣的回應才算是答案。比方說，費馬最後定理在三百多年來仍還未找到完整證明，但答案定必只能循數學公理的方向探索，如果有人認為收集市民意見可歸納出解答的公式，我們只會恥笑其無知。

另一方面，有一類問題似乎難以劃入經驗或形式問題之列，對於這種問題，我們不能確定什麼是合適答案，甚至要如何能找到答案也不太清楚，姑且名之曰「開放問題」。舉例來說，到底數字是否客觀存在？人生有沒有意

1　Berlin, Isaiah. "The Purpose of Philosophy." *Concepts and Categories: Philosophical Essays*, Princeton University Press, 1999, pp. 1-2.

義？這些問題要如何找出答案？怎樣的回應才算合理？又從何判斷其真假？我們尚無明確頭緒。哲學問題正是如此一類探究，其內容千差萬別，涵蓋真、善、美、人生意義等基本問題。[2]這些問題的共通點有二：首先，它們都不屬於經驗和形式問題，無法單靠前述方法尋求答案；其次，此等問題關注的多是基礎觀念，仔細言之，就是那些賴以串連與理解事情的範疇，或者可以說是理解世界的圖像，涉及人生觀與世界觀相關種種，例如「真理」與「道德」的標準等等。柏林明言，這類問題既未有明確答案，亦勢必抽象難懂。

如果我們同意柏林，那麼批評（一）與（二）就似乎並非無的放矢。首先哲學問題，即「開放問題」，定義上就是難有或未有答案。再者，對基礎觀念和原則的討論，好像何謂人性（human nature），或什麼是公平（fairness）等等，亦大多抽象難懂，更往往會動搖我們習以為常的想法，是以柏林認為哲學必將撼動常識，令人懷疑與不安，因此自然是不受歡迎，甚至危害社會安寧的學問。[3]試想想哲學歷來所作的好事：於神權政治前高舉人的理性、在奴隸時代提倡人人生而平等、指摘肉食人士漠視動物權益……事實上大眾總傾向安分，哲學卻一心要顛覆常識和秩序，兩者的張力勢所難免，似乎也無法解決。因此如果我們同意柏林的話，那麼哲學惹人討厭，道理無疑再明白不過了。

2　Berlin, Isaiah. "The Purpose of Philosophy.", pp. 2-4.

3　Berlin, Isaiah. "The Purpose of Philosophy.", p. 11.

無獨有偶，威廉士亦曾就人們討厭哲學的現象撰文，當中的論點與方才提到的批評(二)和(三)大有關連。哲學發展至今，常被譏諷為學術遊戲，在一大堆艱澀術語中打轉，變得過於技術化和抽象，缺乏學術訓練的大眾根本無從理解，因而亦未能指導實際生活。換句話說，哲學太難了，而在變得太難的過程中，它背離了哲學的初心，即為人生提供幫助的承諾。[4]對此，威廉士認為哲學的旨趣除了指導生活外，同樣重要的是好奇心，一種力求正確(getting it right)，把事情弄個明白透徹的精神。此外，哲學，甚至於所有學問，最終必須要對自己真誠(truthful)，即忠於自己的本質，致力探索真相，不越俎代庖，同時承認不足。按此，哲學定必艱深，因為力求正確每每意味着討論的內容轉趨抽象難懂，探究的不再止於表象，而是背後的理據與最終原則。也就是說，當討論的反省程度愈高，或變得更有系統和理論化時，就是哲學介入其中的表現。[5]哪怕在討論具體生活議題時，哲學的本性依然不改。

　　以言論自由為例，相信沒有人會否認這是對實際生活影響深遠的切身問題，認真探索的話，我們必須問及：何謂自由？如何訂立界線？哲學家穆爾說只有自由的環境，真理才更有機會彰顯。可是為什麼真相那麼重要？到底有沒有客觀真理？不難發現，若一步一步追問下去，對象必然從具體生活，轉移到抽象而理論化的知識論與形上學問

4　Williams, Bernard. "68. On Hating and Despising Philosophy." *Essays and Reviews*: 1959-2002, Princeton University Press, 2016, p. 365.

5　Williams, Bernard. "68. On Hating and Despising Philosophy.", p. 364.

題。由此可見，真誠與力求正確，勢必將哲學推向遠離實務的境地，而抽象的理據和原則當然難以直接回應實際生活，變成大眾心目中的「無用」。不過威廉士堅信除非哲學忠於自身，否則它也無法為人提供幫助。[6]

威廉士再三強調真誠的哲學，結果就是變得困難。縱然「困難」不一定與「有用」衝突，但也不必然契合。再者，真誠同時亦意味着無法預知什麼答案才算「有用」。倘若以先確知何謂「有用」的心態研究，只是自我設限，極可能適得其反，令人遠離真相。而說到底只有真相才可能有用，膚淺片面的解答又有何益？再進一步而言，真相其實不必然有用，就算有用也不保證能安頓人心。[7]我們都明白，真相往往比現實殘酷，就好像揭示人生荒謬的哲學，也許只會令人更不知所措。綜觀以上理由，全都指向同一結論：誠實不虛的哲學，不可避免困難而抽象，難有明顯指導作用，因此自然繼續招人話柄，被人討厭。可是對忠於自己的哲學而言，別無他途。

就我看來，柏林與威廉士的想法，已然說明哲學被討厭的原委。有趣的是，上述觀點或可對近年哲學另一截然不同的遭遇——哲學普及的熱潮有所警示。仔細想想，一門本質上困難而無用，顛覆日常，註定被討厭的學問，能夠受普羅大眾歡迎，是否有點矛盾？要解釋這個現象，可先分析近年華文界哲學普及工作的成功主因為何。根據個

6　Williams, Bernard. "68. On Hating and Despising Philosophy.", p. 365.

7　Williams, Bernard. "68. On Hating and Despising Philosophy.", p. 370.

人觀察，大體上有兩點：第一，力求簡單易懂，深入淺出；第二，強調提供生活指引或方向，為人生解困。

不過假使我們同意柏林與威廉士，則以上兩點恐怕都與真誠的哲學背道而馳。就前者而言，既然誠實不虛的哲學不免抽象困難，那麼說什麼問題總可以深入淺出，在我看來不是太天真，就是太輕視哲學了。反對者可能會說，哲學的光譜極為廣闊，有些部門如倫理學或政治哲學等等，不必然抽象艱深。可是學問的門檻終究無法否認，不能逃避，概念簡化的努力亦畢竟有其界限。例如在數學領域中，我們難以讓不懂基礎幾何學的人明白拓撲學。於哲學討論上，方才言論自由的例子已然說明，哪怕是看來學術門檻較低，相對具體的生活議題，若要尋根究底(否則就不算真誠的哲學)的話，亦難免涉及真相是否客觀存在等知識論與形上學的抽象討論。強行將複雜的概念簡化，甚或略過對相關抽象原則的討論，無疑違背力求正確的哲學精神，結果大概只會造就一群把哲學術語掛在口邊，卻不知其所以然的「信徒」。他們其實並未了解真誠與力求正確的哲學思考該如何運作，流於片面的哲普知識也不見得對其有太大助益。

另一方面，關於為人生解困的哲普取態，首先必須承認，哲學普及若能引領更多人反省生活種種，確實有益人心。不過正如威廉士所言，一則力求正確的抽象討論往往與現實議題無關，而且真相也不一定能為人生解困，慰藉心靈。將哲學宣傳為某種「生命的學問」，以指導生活為

尚，不單言過其實，亦是以偏蓋全（例如邏輯或本體論哲學就不見得對實際生活議題有何明確指導作用），最壞的情況下甚至會淪為廉價的心靈雞湯。威廉士曾稱這種過份渲染為人生解困的哲學潮流為媚俗，並相信此舉與把哲學變成一種學術概念遊戲，同樣只會摧毀哲學啟迪人心的希望，[8]我深表贊同。

綜合方才所言，倘若哲學成為大眾風尚，原因很可能是它不再忠於自己。無可否認，有更多人了解哲學到底在幹什麼，或令大眾多作思考，肯定不是壞事。可是如果普及的代價是強作淺白，或總以生活導向和慰藉人心為目標，那麼「哲學普及」，在此特定意義下，大概只能是個矛盾語（oxymoron）。因為難有答案，艱深與無用，甚或令人不安，才是真誠的哲學的本質，是以被討厭與嫌棄，註定是哲學的宿命。我深信只有認清這點，才稱得上真正瞭解哲學為何物，才有可能讓哲學走得更遠。這絕非自我感覺良好的托詞，而是遵循「認識自己」的理念下，恰如其分的自我期許，謹以此與諸君共勉。

參考資料：

Berlin, Isaiah. "The Purpose of Philosophy." *Concepts and Categories: Philosophical Essays*, Princeton University Press, 1999, pp. 1-11.

Williams, Bernard. "68. On Hating and Despising Philosophy." *Essays and Reviews: 1959-2002*, Princeton University Press, 2016, pp. 363-370.

8　Williams, Bernard. "68. On Hating and Despising Philosophy.", p. 369.

附錄一：道德異化與個人整全性——威廉士對效益主義的批評

"[T]he important issues that utilitarianism raises should be discussed in contexts more rewarding than that of utilitarianism itself... the day cannot be too far off in which we hear no more of it." [1]

— Bernard Williams

前言

任何對倫理學有興趣的人，定曾聽聞效益主義（Utilitarianism）。事實上從哲學、經濟學的討論，到政府決策的原則，以至動物解放運動的興起，效益主義都佔一重要席位。不過縱使效益主義影響廣泛，但正如所有哲學理論的宿命一般，自然亦受到不少批評，當中以哲學家威廉士（Bernard Williams）的批判最具洞見，亦最為致命。本文將簡要說明其對效益主義的批評，希望有助讀者認識效益主義與威廉士的哲學。

先交代本文的討論範圍。效益主義可分為行動效益主義（Act-Utilitarianism，下文將簡稱AU）與規條效益主義（Rule-Utilitarianism，下文將簡稱RU），[2] 威廉士對兩者的批

---

1 Smart, J.J.C. & Williams, Bernard. *Utilitarianism: For and Against.* Cambridge University Press, 1973, p.150.
2 威廉士在討論行動效益主義時，往往是用另一稱呼：直接效益主義（direct utilitarianism），見Smart, J.J.C. & Williams, Bernard. *Utilitarianism: For and Against,* p.81.

評重點各異：AU的毛病在於漠視人的整全性(integrity)；而RU的問題則是理論與實踐的不穩定關係。篇幅所限，本文只集中討論AU。威廉士對AU的批評則可簡述如下：AU的後果論(Consequentialism)特性令其主張消極責任(negative responsibility)，引致道德異化(moral alienation)，使人與自身的情感和行動割裂，從而損害人的整全性，因此不是恰當的道德理論。下文將順序詳細說明。

人生計劃

　　威廉士向來以批判現代的道德理論聞名。其立論的重點之一，是認為現代的倫理學走錯了方向，他堅信倫理學應由道德(Morality)重新回到倫理(Ethics)問題的研究之上。簡略言之，道德理論關注的是行動的對錯，嘗試以還原主義的形式，將道德判斷化約成普遍原則。倫理問題重視的，卻是具體生活。前者企圖從純然理性的角度，運用抽象規則把握是非對錯，針對的是個別行動；後者則強調人類於實際生活中的處境和感受，着眼於整全的人生。正由於威廉士對倫理生活的重視，開啟了他哲學中至關重要的概念：人生計劃(Life Project)。每一個人作為具價值意識與七情六慾的生命，都有自己的信念、感受與人生方向，可統稱為人生計劃。當然，人生有林林總總的考慮，不可能同樣重要。威廉上於此強調的是人生中最基礎的價值觀與人生觀組成的計劃，因此，喜歡日本流行文化、希望常到日本旅行等對人生影響不大的計劃，不在討論之列，但以

藝術為志業，卻可以是人生計劃的重中之重。

　　人生計劃的重要在於：一、構成個人身份；二、人生意義的來源。每個人都是獨特的個體，區分人我的最重要元素，就是各自有不同性格、目標、慾望和計劃。比方說，左派與右派之別，其實不外是價值觀的差異而致的身份認同。另一方面，人生計劃不單是建構自我身份的基礎，同時亦是人生意義的根據。想像一個天主教徒，最重要的信念和目標就是事奉上帝。由此他的人生，不管家庭或工作，都依此規劃。信仰除了是其身份認同，更是他在艱苦生活中堅持下去的重要依靠，他甚至不能想像沒有信仰的生命可以如何走下去。既然人生計劃如斯重要，威廉士相信倫理學的首要任務，應是對之有準確的分析和指引，可惜效益主義漠視人生計劃的地位，原因在於其理論的錯誤預設。於此，問題必須追溯至AU與後果論的共同結構。

後果論與效益主義

　　在討論規範道德理論的型態時，學界習慣分為義務論（Deontology）、後果論（Consequentialism）和德性倫理（Virtue Ethics）三大類別。後果論的基本結構是：行動的對錯只取決於後果的好壞。而對於何謂好與壞的後果，主流的想法是以世界情狀（States of Affair）──世界上所有人和事的狀態──這個概念來理解。能使世界情狀變好便是好的後果，借用帕菲特（Derek Parfit）的講法就是「讓歷史盡可能

發展得更好」。[3] 按此，道德上重要的是某個(好的)世界情狀是否實現；至於由誰人執行，或以什麼手段實現，只是因果關係上的變項，道德上並不相干。不過，「世界情狀」終究只是個形式概念，我們仍需具體指出何謂好的世界情狀，與及以何種方法達至才算道德上正確。這就是道德理論最重要的兩項元素：價值理論(Theory of the Good)與正確理論(Theory of the Right)的定義問題。不同理論的分際，往往取決於如何看待這兩組概念的內容與關係。[4]

效益主義作為後果論的代表，主張行動的對錯純粹取決於後果的好壞，也採納「世界情狀」這個概念，並把世界情狀的好壞定義為效益(Utility)的高低。AU在這個基礎上再進一步，其價值理論是把效益收窄為福祉主義(Welfarism)，於正確理論上則採取極大化原則(Principle of Maximization)；前者認為效益的多寡取決於對個人福祉的影響，後者則指在所有可能的行動中，只有能帶來最大效益的行動才算道德上正確，這兩點就是AU的基本結構。[5]

3　見Parfit, Derek. *Reasons and Persons*. Oxford University Press, 1984, Part 1.

4　這種定義規範道德理論的方法，可上溯自西季維克(Henry Sidgwick)，不過真正將這種分析發揚光大的要算是法蘭健納(William K Frankena)。可參考Frankena, W. K. *Ethics*. Englewood Cliffs, Prentice Hall, 1963, pp.14-16.

5　當然，近年來效益主義為了回應各種質疑，亦發展出很多新的型態，篇幅所限，有興趣的讀者可參考Griffin, James. "Modern Utilitarianism." *Revue Internationale de Philosophie*, Vol. 36, No. 141 (3), 1982, pp. 331-375.

消極責任

基於上述對後果論與效益主義的梳理，威廉士相信AU不可避免地錯誤理解道德行動與道德責任的本質，他透過「消極責任(negative responsibility)」此概念來展示這個批評，並舉出兩個後來廣被學界討論的經典例子：[6]

佐治：佐治是個剛畢業的化學博士，一直找不到工作。他身體不佳，家中小孩年幼，因此只有靠妻子工作支撐家計。朋友得知佐治的困境，便介紹了一份薪水不錯，在研發生化武器的實驗室當研究員的工作給他。可是佐治是個堅決反對化學武器的人，不願接受。但倘若佐治拒絕的話，勢必會由另一位熱衷化學武器的人上任，到時對世界的影響肯定壞得多。他應該接受這份工作嗎？

占士：占士到了南美洲某國家旅遊。途中在某小鎮上不幸的遇上了一個軍長正準備處決二十個反政府的印第安人。軍長看到占士後，給他一個遊客才有的優待，那就是如果占士願意代為槍決其中一個印第安人，他便會釋放其餘十九人。假使占士拒絕，他便會把二十個印第安人全數殺掉。占士是個和平主義者，絕對不會殺害無辜，但由於軍長人多勢眾，企圖獨力拯救那些印地安人只是天方夜譚，可行的選項只有接受與拒絕兩者，更重要的是那廿個印第安人亦要求占士屈從。占士應該開槍嗎？

6　Smart, J.J.C. & Williams, Bernard. *Utilitarianism: For and Against*, pp. 98-99.

於此AU會認為佐治應該接受工作，占士也理應槍殺一人，而且認為這兩個判斷理所當然。威廉士則相信，佐治不應該上任，而即使最終占士應該開槍，亦不見得無可非議。仔細分析，威廉士認為AU對占士的判斷即使正確，也是因錯誤的理由而正確（right for the wrong reason）。相比於最終的判斷，AU對以上例子的描述與判斷的理由才是問題所在。以下將主要討論占士的例子，從而說明AU的思路如何訴諸「消極責任」這個概念，再解釋威廉士如何批評它。

AU判斷行動是否正確的原則，就是審視行動者所有可能的選項（包括不作為），並認為只有能實現最好的世界情狀，才是正確的行動。於此占士開槍就是唯一合理的選項。此舉雖會殺害一人，卻可拯救十九人。反之，拒絕開槍是錯的，因為這會令軍長殺死全數廿個印第安人——即使下殺手的是軍長而非占士，但根據AU，他只要槍殺一人，便可以阻止這悲劇發生。是以AU認為，就算占士拒絕開槍，依然要為廿個印第安人的死負上責任！

威廉士認為AU的想法相當荒謬。我們雖然都會同意占士的行動會影響軍長的決定，但到底誰要負上最大的責任呢？整件事的始作俑者明顯是軍長，是他令占士陷入兩難的處境，倘若最終占士不接受「優待」，痛下殺手的其實是軍長而非占士。與其說軍長的行動是占士一手造成，倒不如說軍長以占士為代罪羔羊更為合理。如果占士要為印第安人的死負責，則軍長更加難辭其咎！只怪責占士而無視軍長的行為，明顯是誤判責任。但AU卻道德譴責占士，因

為AU認為行動者不單要為自己的行為負責，也要為他人因我們的影響而致的行為負責！這是將責任擴展至一個不合理的範圍，是以威廉士稱之為「消極責任」。詳細而論，消極責任可再細分為兩層意思：（一）將個人行動與其他人行動的責任視為等同；（二）將個人作為與不作為的責任等量齊觀。就（一）而言，AU認為占士須為軍長的殺人行動負上責任；從（二）來看，AU相信占士拒絕殺人，與主動殺死廿個印第安人責任無異。

「消極責任」的問題出在哪裡？威廉士堅信，人際分野（The Separateness of Persons）是最根本的道德事實，[7]而「消極責任」無視這點。正如方才討論人生計劃時所述，每個人都有自己的價值與看事情的觀點，皆為獨立的個體。既然如此，事情由我親手造成，還是他人引致，道德責任上理應有別，大部份人亦應當贊同，可是AU泯滅了這個差異，這從消極責任（一）與（二）可以印證。究其原因，在於AU只在乎世界情狀的好壞，不在乎由誰人引致或如何產生，認為道德上並不相干。可以說「消極責任」並不着眼行動者的身份，它要求的是極端的無偏私性（impartiality）。哲學家羅爾斯（John Rawls）曾指摘效益主義把「與個人無關（impersonal）」和「無偏私（impartial）」混為一談，[8]正是這種

---

7 Williams, Bernard. *Ethics and the Limits of Philosophy*. Harvard University Press, 1985, p.88.

8 Rawls, John. *A Theory of Justice*. Cambridge, Harvard University Press, 1971, p.166.

批評的變奏。總結而言，「消極責任」的問題一則在於未能真正準確描述整個道德情境，對責任提出適當的解釋；更重要的是未能了解人際分野，為着最大的效益，而要求行動者為其他人的行動負責，此舉將進一步令行動者出現道德異化，損害個人整全性。

道德異化與個人整全性

明白「消極責任」的意思與理路後，我們便可充分理解威廉士對AU的批評：使人被道德異化，整全性受損。所謂異化，是指兩種原屬一起的東西的分離，在本文的脈絡中，「道德異化」是指個人的行動、感受因道德的要求，而與人生計劃割裂。「整全性」（Integrity）則指人的行動、感受與自己人生計劃統合一致，能依循自己的價值與信念行事。由此可見，異化與整全性其實是一體兩面的想法，「異化」正是「損害整全性」之意。借用席更斯（Mark Jenkins）的分析，威廉士認為AU對整全性的破壞可分為兩大方向，分別是（一）人與其行動的整全性，與（二）人與其感受的整全性：[9]

（一）人與其行動的整全性

所謂行動的整全性，最基本的意義是個人行動與其視為必須遵從的價值的一致狀態。AU之所以不能理解人的整全性，原因在於未能合理地把個人的人生計劃與行動聯

9　Jenkins, Mark P. *Bernard Williams (Philosophy Now Series)*. McGill-Queen's University Press, 2006, chapter 3.

繫起來，反而要求行動者在道德決策中放棄自我，變成純粹的效益增長工具。「消極責任」要求行動者完全代入效益主義式思維，將自己的行動視為增進世界效益的因果關係上的一環，自己只是效益的中介：將所有人（包括自己）相關的行動與人生計劃納入考慮，再以完全抽離自己的價值觀、絕對中立的角度計算不同行動的後果，然後輸出最具效益的行動。於此自我的一切價值與福祉只是眾多的考慮之一，並無任何特別的地位。這種思維將自己的人生計劃與他者的計劃等量齊觀，並必須隨時因應別人的行動而放棄自己的人生計劃，以取得最大效益，這無疑是漠視人生計劃對個人的重要性。試問一個人怎麼可能一方面重視自己的人生計劃，但又可隨時放棄？當中的可能性只有兩個：要麼那些壓根兒不是他重視的東西；要麼就是精神分裂。AU的要求其實等同於迫令我們與自己的行動割裂，這正是最根本意義下的異化。[10]

（二）人與其感受的整全性

根據AU，個人的道德感受在整體的效益計算下，必須讓步——在占士的例子中，倘若他基於和平主義的價值觀而情感上不願開槍，道德上其實是錯誤的。AU要求我們把這些源於人生計劃的感受，完全臣服於整體效益的計算之下，一旦與整體效益衝突，AU就將之視為不理性的反應。於此AU並非說占士不能有抗拒感，但這些感受的效益當初在決定開槍與否時，已經被計算在內，如果你因堅持自

---

10 Smart, J.J.C. & Williams, Bernard. *Utilitarianism: For and Againsts*, p.116.

己的情緒和感受而拒絕最具效益的行動（例如占士拒絕開槍），則是放任自己的情感壓倒道德，犯上自我中心、自我放縱（Self-Indulgence）的毛病。[11]但是，這真的僅只是一種不安的感受，道德上毫不重要嗎？威廉士並不認同：「但我們至少不是個完全的效益主義者，不能把自己的道德感受只當為效益計算的對象。這樣做是將自己的最根本的真實感受，可以說是我們的身份認同的一部份，與自我割離。」[12]道德感受其實有更深層次的意義，它是理解世界的一種展現，表達出我們認為何謂對錯、人和世界應該如何安排等，與身份認同和生存意義有莫大關係。

如果佐治與占士的例子流於空想離地，或許可以現實的情況替換。想像佐治是位對美國警察充滿恨意的黑人抗爭者，迫於生活與其他原因只能無奈加入警隊，從此要參與拘捕抗爭者的行動，他的內心會變得何其痛苦？又假設占士是黑人抗爭的堅定支持者，現在被迫要毒打被捕的廿個抗爭者其中一人，不然全部都會受到酷刑，試問他如何下手？倘若現在AU說佐治與占士只有屈從才是正確的決定（因為效益計算），並且那些拒絕情緒都是不理性的反應，你認為這種判斷合理嗎？換言之，威廉士相信AU這種對人類心理的漠視，對行動的過份要求，都是錯誤、甚至是可

---

11 關於自我放縱的批評，詳細請參考Williams, Bernard. "Utilitarianism and moral self-indulgence." In *Moral Luck*. Cambridge University Press, 1981, pp.40-53.

12 大意翻譯自Smart, J.J.C. & Williams, Bernard. *Utilitarianism: For and Against*, pp.103-104.

怕的觀點。最終的關鍵，就是AU根本未能把握人與其人生計劃的整全關係及重要性。從正面而論，信念、情感、意向、行動合一的生活，才是協調而理想的人生。由反面來說，一個情感和行動必須與自己基礎人生觀割裂的人生，無疑是難以忍受的。總括而言，要擁有整全的人生，身份與生存意義才可能延續。

對於「整全性」這個論旨，有不少論者曾提出質疑，但最重要的相信是以下這個反例：想像有某心理異常的殺人犯，真誠以殺人為人生的價值與意義所在，如果AU（甚至其他道德理論）要求他為着道德的考慮而不再殺人，此舉明顯損害其整全性，但難道我們因此會說道德的要求不合理嗎？這個反例似乎顯示，損害整全性可以是合理的道德要求。[13]我相信這個反駁有一定道理，事實上整全性雖然要求人與人生計劃的統合，但它不應是凌駕一切的考慮。那些邪惡的人生計劃決不能以整全性為借口而免於道德的規範。不過，一旦我們把人生計劃限定於道德範圍之內，威廉士的論點仍然相當有力。

13　關於這個批評詳細可參考Ashford, Elizabeth. "Utilitarianism, integrity, and partiality." *Journal of Philosophy* 97（8），2000, pp.421-439.

結論

　　威廉士曾多次強調，效益主義是極具野心的理論，企圖以單一的考量(行動的效益)，以近似科學方式(效益的量化計算)，解決所有的道德問題。著名的效益主義者黑爾(R. M. Hare)曾說，在效益原則下，責任衝突並不存在。[14]可惜這種道德觀的毛病，就是高估了工具理性於道德決策的作用，並且忽視人類道德處境的複雜多元，最終未能充分了解人生計劃的重要，更衍生出一套抽空身份與意義的荒謬人生觀與世界觀，因此不是合理的道德理論。

　　本文開首曾說在對效益主義的芸芸批判中，以威廉士最為致命與最具洞見，經過以上討論，可以如此理解：其致命的原因在於，威廉士批評的不是理論的枝節，例如效益計算上的困難、或原則之間的衝突，而是AU的基本理論預設：以後果(世界情狀)為評價行動對錯的唯一標準、與採用極大化原則，必然引致道德異化。由於AU未能放棄以上兩項原則，因此難以回應威廉士的批評。再者，威廉士的洞見，就是重新提醒我們，倫理學應該關心的是人的具體生活，當中包括人類心理、情感和行動的複雜互動，而不只是簡單抽空的原則，與冷智和旁觀者式的計算。只有當倫理學能夠重新關注人的真實道德情境時，才可能對自蘇格拉底以降哲學的終極問題——「我應該如何生活？(How should I live?)」——有恰當的回答。

14　Hare, R.M. *Moral Thinking*. Clarendon Press, 1981, p.26.

參考書目：

Ashford, Elizabeth. "Utilitarianism, integrity, and partiality." *Journal of Philosophy* 97 (8), 2000, pp.421-439.

Frankena, W. K. *Ethics*. Englewood Cliffs, Prentice Hall, 1963.

Griffin, James. "Modern Utilitarianism." *Revue Internationale de Philosophie*, Vol. 36, No. 141 (3), 1982, pp. 331-375.

Hare, R. M. *Moral Thinking: Its Levels, Method, and Point*. Clarendon, 1981.

Jenkins, Mark P. *Bernard Williams (Philosophy Now Series)*. McGill-Queen's University Press, 2006.

Parfit, Derek. *Reasons and Persons*. Oxford University Press, 1984.

Rawls, John. *A Theory of Justice: Revised Edition*. Clarendon Press, 1999.

Smart, J.J.C. & Bernard Williams. *Utilitarianism: For and Against*. Cambridge University Press, 1973.

Williams, Bernard. "Utilitarianism and moral self-indulgence." In *Moral Luck*. Cambridge University Press, 1981, pp.40-53.

Williams, Bernard. *Ethics and the Limits of Philosophy*. Harvard University Press, 1985.

附錄二：目的論與義務論——論羅爾斯正義理論中的二分法

前言

　　「價值(value)」與「正確(right)」是倫理學中極為重要的兩個概念。目的論(teleology)主張以「好(good)」作為價值理論的基礎，並把正確的行動界定為「好」的最大化；義務論(deontology)認為「正確」才是道德的最終根據，而行為之所以正確也不(僅僅)由於能增加最多的「好」。[1]按此，兩種理論的差異，就在於如何定義「價值」與「正確」兩者，與及怎樣看待其關係。以上是羅爾斯(John Rawls)在其《正義論》[2](*A Theory of Justice*)中提出的「目的論與義務論(teleology and deontology)」理論框架，用以判別

1　本文將以「好」翻譯"non-moral good"，以「價值」翻譯"value"，以「善」翻譯"moral good"，而"good"則視情況而定。在此我將"theory of good"翻譯為「價值理論」，而不是「『好』理論」，因為在某些用法下theory of good的內容不必然如效益主義一般以「好」這非道德價值來定義。例如下文提及康德倫理學時，便將說明其對"theory of good"的理解是具道德意義的；因此，以廣義的「價值理論」來翻譯比「『好』理論」更恰當。按此思路，"the priority of the right over the good"應翻譯為「正確先於價值」。

2　坊間習慣把*A Theory of Justice*一書譯名《正義論》，本文將沿用這個譯名，但按石元康先生的想法，應譯為《一個公正理論》才更準確，原因有二：首先，羅爾斯明言其理論是justice as fairness，中文的「公正」無疑是最直接的翻譯；而「正義」有「與邪念對揚」的意涵，並非其本意。再者，羅爾斯認為他的理論只是眾多關於公正的論述的其中一種。由此可見《一個公正理論》比《正義論》更準確達意。另外，下文所有引文的中文翻譯均出自本人。

不同規範道德理論（normative ethical theory）的型態。本文首部份將介紹這個近代倫理學中至關重要的區分原則（下文開始簡稱為二分法），然後指出其理論困難，從而展示現代規範倫理學的面貌。

「目的論和義務論」的基本內容

探本溯源，「目的論和義務論」一說實始於西季維克（Henry Sidgwick），[3]但正式提出這對概念的則是博亞特（C. D. Broad）。[4]不過，真正令二分法廣為接受的是法蘭健納（William K Frankena）與羅爾斯（John Rawls）。本文將以羅爾斯的觀點為批評的對象。根據羅爾斯，規範道德理論分為三項基本元素，分別是價值理論、正確理論和道德價值（moral worth）理論。[5]三者當中，道德價值理論是派生的，可以從價值理論或正確理論中推導出來；只有價值理論和正確理論兩者才是最根本的項目。規範道德理論的型態取決於怎樣定義價值理論和正確理論，以及如何連結兩者。由此，道德理論只有兩種可能結構——目的論與義務論。兩者的區分正在於以不同的方法處理價值理論和正確理論的關係。[6]

先談目的論。羅爾斯說，在定義價值理論時，目的論

3　見Sidgwick, Henry. *The Methods of Ethics*, 7th ed., Macmillan, 1907, p. 99.

4　見Broad, C. D. *Five types of ethical theory*. Routledge, Kegan, Paul, 1930, pp. 206-207.

5　參考Rawls, John. *A Theory of Justice: Revised Edition*. Clarendon Press, 1999.

6　Ibid.

以「好」（非道德價值）為基礎，同時不會涉及任何關於「正確」的概念：

> 我們必須緊記，在目的論中價值的定義是獨立於正確的。[7]

目的論以「好」作為價值理論的內容，而「好」的內容不涉及任何道德考慮與限制；因為在知道其內容前，並無所謂「道德的觀點」。這就是「價值獨立於正確」的基本意思。明白這點後，羅爾斯指出目的論的另一主旨：所謂「道德正確」就是盡力增進、推廣（promote）這種「好」：

> 價值的定義不涉及道德正確；而道德正確被視為價值的最大化。[8]

價值的定義不涉及道德正確（這一點以下將稱為「獨立原則」）；道德正確則為價值的最大化（這一點以下將稱為「最大化原則」）。此兩項原則就是目的論與義務論的判別原則，而義務論則一概被視為那些不屬於目的論的理論：

> 必須注意，義務論是被定義為那些不屬於目的論的理論，而不是一種將制度的正確性獨立於其後果的觀點。[9]

由於義務論被界定為所有非目的論的理論，是以規範道德理論的型態只有兩種可能：目的論與義務論。而義務論正被定義為不符合上述兩項原則的理論：

7　Rawls, John. *A Theory of Justice: Revised Edition*, p. 22

8　Ibid.

9　Rawls, John. *A Theory of Justice: Revised Edition*, p. 26.

現在我將指出最後一點差異，那就是效益主義屬於目的論，而公平式公正理論並不如此，因此，定義上後者就是義務論。任何理論只要不認為價值獨立於正確，或不將正確詮釋為價值的最大化，就是屬於義務論。[10]

上文顯示獨立原則與最大化原則是目的論的兩項必要條件：只要違反其中一項，該理論就不會是目的論，而屬於義務論。從新近的理論發展看來，此定義值得商榷。[11]不過，現在先按其想法，把目的論與義務論的定義總結如下：

目的論：任何理論，如果其價值理論內容不涉及正確理論，**並且**將道德正確定義為價值的最大化，就是目的論。

義務論：任何理論，如果其價值理論的內容涉及正確理論，**或者**不把道德正確視為價值的最大化，就是義務論。

---

10 Ibid.

11 就上文的意思，有三種情況會使我們判斷某理論A屬於義務論：第一，A只違反獨立原則；A的價值理論涉及正確理論，但對何謂正確不採取最大化原則。第二，只違反最大化原則；A定義價值理論時，不涉及任何關於正確的概念，不過它反對正確就是價值的最大化。最後，A同時違反兩者。我希望討論的是第二種情況。近年來有所謂「滿足式後果主義」的出現（Pettit 1984；Slote 1985），其結構正屬於第二種可能。滿足式後果主義與一般的後果主義同樣以某種「好」為基礎，不過並不採取最大化原則。依據羅爾斯的定義，這種理論只可能是義務論，但我相信沒有人會認同這種判斷。觀乎現行的用法，「目的論」與「後果主義」差不多是同義。於此我們可以有兩項選擇：把後果主義摒除於目的論之外，或否認滿足式後果主義的合理性。可是兩者都並不可取。下文將再作交代。

必須注意的是，看來義務論強調（道德）正確，而道德正確被認為是「行為」本身所具備的性質，[12]換言之，任何道德上錯誤的行動一定具備某些道德錯誤的性質；反之，任何道德上並不為錯的行動，必定缺少道德錯誤的性質。目的論則從各種行為引致的世界情狀（states of affairs）分判好壞；行為是否正確，便看其實現的世界情狀當中的「好」是否比其他的要高。至此兩種理論的差異似乎一目了然：判決行為正確與否，義務論只看行為本身，目的論則只看後果的好壞。義務論者認為，僅僅從行動本身的內在價值就足以判決行為的對錯；目的論則只會從後果來判斷。可惜此論並不恰當。效益主義並不只從後果的價值來評斷行為，[13]他們無可置疑地是重視「行為本身的價值」的，以下是精確的描述：

當我說行動效益主義者要求我們實現最好的整體後果或世界情狀時，並不是說行動效益主義者將行為與其後果分開，並且只以效益原則評核後者。反之，行為本身會被視為整體後果或世界情狀的一部份而被評核。[14]

效益主義（與所有後果論）的重點，是增加世上的價值。有價值的東西不僅僅是行為的後果，亦可以是行為本身或任何世界情狀。最後，說義務論不考慮後果，也不完

---

12 Frankena, W. K. *Ethics*. Prentice Hall, 1963, p. 21.

13 因此其中一個可能回應就是效益主義不屬於目的論，下文將再作討論。

14 Scheffler, Samuel. *The Rejection of Consequentialism: A Philosophical Investigation of the Considerations Underlying Rival Moral Conceptions: Revised Edition.* Clarendon Press, 1994, p. 2.

全符合事實。至少契約論便不在此列。反對效益主義不遺餘力的羅爾斯，也一再強調後果的重要：

> 任何值得探討的道德理論必然會視後果為判定正確的元素之一，否則那只會是一種非理性或瘋狂的理論。[15]

以上就是二分法的基本內容，接下來將討論這套框架的問題。

二分法的問題：以效益主義為例

羅爾斯在《正義論》中提出二分法時，本意是希望以此說明其公正理論與效益主義的差異。他認為兩者的分別是源於其公正理論屬於康德式倫理傳統之故。事實上，將效益主義看成目的論，和將康德倫理與契約論歸類為義務論，自羅爾斯開始，已成為學界共識，但近年反對聲音陸續出現。比方說，有論者認為效益主義不應該屬於目的論；[16]另一方面，一直被看成義務論典範的康德倫理學，也有學者質疑。[17]篇幅所限，以下將以效益主義為例，說明二分法的不足。

---

15 Rawls, John. *A Theory of Justice: Revised Edition*, p. 26.

16 Kymlicka, Will. "Rawls on Teleology and Deontology." *Philosophy and Public Affairs*, vol. 17, no. 3, 1988, pp. 173-190; Larmore, C. E. *The morals of modernity*. Cambridge University Press, 1996.

17 Baron, Marcia. "A Reply to Pettit and Slote." *Three Methods of Ethics: A Debate*, edited by Marcia W. Baron, Philip Pettit, and Michael Slote, Blackwell, 1997; Herman, Barbara. *The Practice of Moral Judgment*. Harvard University Press, 1993; Korsgaard, Christine. "From Duty and for the sake of the Noble: Kant and Aristotle on Morally Good Action." *Aristotle, Kant, and the Stoics: Rethinking Happiness and Duty*, edited by Engstrom. S and Whiting. J., Cambridge University Press, 1996; Wood, Allen. *Kantian Ethics*. Cambridge University Press, 2008.

方才提及，有學者認為效益主義並不屬於目的論（因此只可能是義務論）。這種觀點似乎相當違反常理。效益主義又怎可能屬於義務論呢？此問題涉及效益主義、後果論以及目的論這三個經常被混淆的概念。依我所見，此亦是爭論的關鍵之處。要解答它，必須逐步把以下問題弄清楚：

（一）效益主義與後果論有什麼分別？兩者關係若何？

（二）後果論應否被歸類為目的論？

簡略而言，任何以後果作為唯一標準來判斷行動是否正確的理論，便屬於後果論。各種後果論之間的差異，就在於對「後果」的不同定義，或是否放棄最大化原則。例如後果論中最為人熟悉的效益主義，對價值的理解便屬福祉主義（Welfarism）。福祉主義強調任何事情之所以有價值、值得追求，最終理由只有一個：能增加個人的福祉（individual well-being）。因此，作為福祉主義的一員，效益主義者認為好的後果就是任何會增加大眾（所有相關個體）福祉的事情。職是之故，效益主義毫無疑問是後果論的一員；既然明白到效益主義從屬於後果論，餘下要處理的問題就是（二）：後果論應否被歸類為目的論？倘若後果論以後果作為判斷行動是否正確的唯一標準，那麼把後果論看成目的論一員似乎並無不妥；但二分法從一開始只是把效益主義看成目的論，並未提及後果論的型態。不過，上文已指出，效益主義與後果論基本上只是從屬的關係，因此將後果論與效益主義同樣看成目的論，似乎理所當然；然而，問題正在於二分法未能處理後果論與目的論的的關係。

根據二分法，我們有必要把後果論與目的論兩者區分起來，當中的原因在於最大化原則。羅爾斯認為最大化原則是目的論的必要條件，但是後果論並不必然包含最大化原則，[18]滿足式後果主義（Satisficing Consequentialism）就是最好的例子。[19]因此依據二分法，滿足式後果主義不屬於目的論，而只可能是義務論，但這判斷違反我們一直以來對義務論的理解。滿足式後果主義為了「好」的增加，理論上容許我們違反義務論者所認同的道德規範。此外，滿足式後果主義與效益主義相同，認為正確的行動完全取決於其帶來的「好」有多少，分別只在於滿足式後果主義不認為只有帶來最多的「好」的行動才算正確：而只需要帶來的「好」足夠地多，就是正確的行為，哪怕它要犧牲少數人的權益，例如不公平的財富分配。義務論則強調「好」不應該是決定正確行為的唯一條件，所以即使後果再好，只要違反某些道德制約，義務論依然禁止。簡言之，滿足式後果主義型態上只是一種放棄最大化原則的效益主義，因此不應視其為義務論。問題是，二分法強調所有非目的論的，就是義務論；那滿足式後果主義應該如何處置？

18　在此我假定後果論不必然採用最大化原則。對於什麼是後果論中心論旨，意見不一，有些論者認為後果論最重要的特性是其行動者中立（agent-neutral）元素（Broome 1991；Kagan 1998；MaNaughton and Rawling 1995），另一些則認為是「某行為帶來的價值愈多，則愈有理由履行之」（Howard-Snyder 1994）。無論如何，自滿足式後果主義出現後，已甚少人堅持最大化原則是後果論的必要條件。

19　Slote, Michael. *Common-sense Morality and Consequentialism*. Routledge & Kegan Paul, 1985; Pettit, Philip. "Satisficing Consequentialism." *Proceedings of the Aristotelian Society, Suppl.* Vol. 58, 1984, pp. 165-176.

當然，我們可以替羅爾斯回應說，只要把後果論再細分為最大化原則與非最大化原則兩種版本，難題便迎刃而解。只有採用最大化原則的後果論才算是目的論，其他的後果論都不在目的論之列。此舉雖然可以避過對最大化原則作為目的論的必要條件的質疑，但是理論代價太大。根據這種新界定，大概只有效益主義才算得上是目的論，[20]其他後果論如滿足式後果主義或黑爾(R. M. Hare)的兩層後果主義(Two-level Consequentialism)[21]等反對最大化原則的後果論，都將被視為義務論。不過這種判斷同樣違反直覺。

討論至此，如果仍然堅持最大化原則是目的論的必要條件，有兩項解決方法：否認滿足式後果主義屬於後果論，或把所有後果論摒除於目的論之外。可惜兩者皆不可行。首先，縱使滿足式後果主義有其理論困難，但結構上完全符合後果論，上文已有解釋。後者的問題在於，把所有後果論摒除於目的論之外，但同時將效益主義視為目的論（至少羅爾斯本人如是），二分法的判斷便前後矛盾。效益主義是後果論的一員，這是學界的共識。如果效益主義屬於後果論，但所有後果論都不屬於目的論的話，則效益主義便不可能是目的論。因此，如果二分法一方面強調效

---

20 或有論者會說，並不只有效益主義才是採用最大化原則的後果論，一些後果論會把分配的公正等善作為價值理論的一部份，從而要求我們最大化這些善。例子如斯坎倫早年提出的兩層後果主義(Scanlon 1982)。可是羅爾斯在《正義論》中指出，這種包含善的價值理論底下的後果論，嚴格意義下並不屬於目的論(Rawls 1999：27)；因此，剩下會採取最大化原則的後果論大概只有效益主義。

21 Hare, R. M. *Moral Thinking: Its Levels, Method, and Point.* Clarendon, 1981.

益主義屬於目的論，[22]另一方面卻又堅持最大化原則，立場便不可能一致。

退一步而言，即使二分法對目的論的界定適用於某些現代的後果論（如效益主義），依然未能說明古典目的論的結構——例如以柏拉圖和亞里士多德的德性倫理為代表的圓滿主義（Perfectionism）。羅爾斯認為，圓滿主義是目的論的一種。[23]初步而言，如果目的論是以價值理論作為正確理論的基礎，那麼德性倫理便應該屬於目的論：決定某行為是否正確，要看它是否德性之人會選擇的行動；而所謂德性，就是一些會增加福祉的性格。因此，先要找出什麼是具價值的、好的性格，才能夠決定什麼是正確的行動。然而，以上的想法是錯誤的。在德性倫理學中，雖說德性是幸福的必要條件，但前者不是後者的工具，而是構成後者不可或缺的部份；價值與何謂德性（例如公正和勇敢），根本不能獨立於正確而被界定。再者，德性倫理學者並不認為道德正確是將價值最大化，[24]可見德性倫理並不符合獨立原則與最大化原則兩者。是以羅爾斯將效益主義與德性倫理同樣視為目的論，大抵是錯誤的想法。[25]

由此看來，二分法對目的論的劃分註定失敗。它既不適

22　Rawls, John. A Theory of Justice: Revised Edition, pp. 22-26.

23　Ibid.

24　Watson, Gary. "On the Primacy of Character." *Identity, Character, and Morality: Essays in Moral Psychology*, edited by Flanagan, O. and Rorty, A. O. R., MIT Press, 1990.

25　科斯格特（Christine Korsgaard）曾仔細討論現代與古代目的論的差異，參見Korsgaard 1998。

用於所有後果論，又不符合古典目的論的結構，剩下的大概只有效益主義才算得上是目的論。由此，試把「所有不屬於目的論者，都是義務論」一語，代換為「所有不是效益主義的，皆為義務論」，便明白這是難以接受的分類。從廣義而言，(二分法下)目的論這種只適用於某種特定理論的界定，不足以有效地對各種理論分門別類。狹義來說，效益主義既是後果論的一種，但後果論卻不屬於目的論，立場並不一致。總而言之，不管是目的論的定義，還是將效益主義界定為目的論，都顯示二分法難以站得住腳。

結語

沒有任何一種分類系統是完美的。從不同的原則着手，自然得到相異的結果。型態分類的討論或許有抽象和沉悶之嫌，亦未必能有圓滿的結論，卻是相當重要的理論工作。當且僅當真正明白各種主張的內涵，與不同的可能後，我們才能夠對道德原則有更深入的了解，才可能做出更明智的選擇。

參考書目：

Broad, C. D. *Five types of ethical theory*. Routledge, Kegan, Paul, 1930.

Baron, Marcia. "A Reply to Pettit and Slote." *Three Methods of Ethics: A Debate*, edited by Marcia W. Baron, Philip Pettit, and Michael Slote, Blackwell, 1997.

Frankena, W. K. *Ethics*. Prentice Hall, 1963.

Freeman, Samuel. "Utilitarianism, Deontology, and the Priority of Right." *Philosophy and Public Affairs*, vol. 23, no. 4, 1994, pp. 313-349.

Hare, R. M. *Moral Thinking: Its Levels, Method, and Point*. Clarendon, 1981.

Howard-Snyder, Frances. "The heart of Consequentialism." *Philosophical Studies*, vol. 76, 1994, pp. 107-129.

Herman, Barbara. *The Practice of Moral Judgment*. Harvard University Press, 1993.

Kagan, Shelly. *Normative Ethics*. Westview Press, 1998.

Korsgaard, Christine. "From Duty and for the sake of the Noble: Kant and Aristotle on Morally Good Action." *Aristotle, Kant, and the Stoics: Rethinking Happiness and Duty*, edited by Engstrom. S and Whiting. J., Cambridge University Press, 1996.

Korsgaard, Christine, *The Sources of Normativity*. Cambridge University Press, 1996.

Korsgaard, Christine, "Teleological ethics." *Routledge Encyclopedia of Philosophy*, edited by Craig, E, Routledge, 1998.

Kymlicka, Will. "Rawls on Teleology and Deontology." *Philosophy and Public Affairs*, vol. 17, no. 3, 1988, pp. 173-190.

Kymlicka, Will, *Contemporary Political Philosophy: An Introduction* (2nd Edition). Oxford University Press, 2002.

Larmore, C. E. *The morals of modernity*. Cambridge University Press, 1996.

Pettit, Philip. "Satisficing Consequentialism." *Proceedings of the Aristotelian Society*, Suppl. Vol. 58, 1984, pp. 165-176.

Rawls, John. *A Theory of Justice: Revised Edition*. Clarendon Press, 1999.

Scanlon, T. M. "Contractualism and Utilitarianism." *Utilitarianism and Beyond*, edited by Sen, A. and Williams, B., Cambridge University Press, 1982.

Scheffler, Samuel. *The Rejection of Consequentialism: A Philosophical Investigation of the Considerations Underlying Rival Moral Conceptions: Revised Edition*. Clarendon Press, 1994.

Sidgwick, Henry. *The Methods of Ethics*, 7th ed., Macmillan, 1907.

Slote, Michael. *Common-sense Morality and Consequentialism*. Routledge & Kegan Paul, 1985.

Watson, Gary. "On the Primacy of Character." *Identity, Character, and Morality: Essays in Moral Psychology*, edited by Flanagan, O. and Rorty, A. O. R., MIT Press, 1990.

Wood, Allen. *Kantian Ethics*. Cambridge University Press, 2008.